歴史文化ライブラリー
314

藤原鎌足、時空をかける

変身と再生の日本史

黒田 智

吉川弘文館

目次

あたらしい人物史へ――プロローグ

1　あたらしい人物史へ

鎌足桜

東京湾アクアラインを東へ向かうと、今では房総半島の表玄関となった千葉県木更津市に入る。上陸してまもなく、山深い半島の奥へとわけ入ろうとするとば口に、矢那《やな》という土地がある。昭和一九年（一九四四）に木更津市に編入合併されるまで、このあたりは鎌足村とよばれていた。集落から矢那川にそってさかのぼると、しばらくして北側に突き出た小山のふもとに平野山高蔵寺《へいやさんこうぞうじ》という真言宗寺院がみえてくる。最初に、寛文元年（一六六一）につくられたという高蔵観音にまつわる縁起を紹介しよう。

昔、猪野長官《いのおおさのり》なるものが住んでいた。長官は四〇歳になっても子がないのを悲しんで、夫婦で高蔵寺に参籠して一〇〇日間の祈願をすると、ほどなくしてひとりの女の子をさずかった。名を予与観《しよかん》という。心清く思いやりのある娘に成長した予与観だったが、あいにく器量が悪くて良縁にめぐまれずになげいていた。そんな折り、自分の誕生のいきさつを知った予与観は、自分もこの高蔵寺の観音に参籠することにした。すると、「東海の鹿島の浦にいって、日天に祈れば祈願成就するだろう」という夢告をえて、男の子をさずかった。これが、のちの藤原鎌足であるという。

高蔵寺にほど近い個人宅の庭に、かつて鎌足桜とよばれる山桜があった。鎌足桜は、中花と元花が一体化した八重桜で、中心の雌しべの先が鎌形に曲がっているのが特徴である。伝承によれば、藤原鎌足が入鹿《いるか》誅滅《ちゆうめつ》ののち、高蔵観音へ参詣に訪れたとき、もっていた桜の木の杖がそのまま根づいたものという。

いわゆる杖立《つえたて》伝説である。杖立伝説とは、空海をはじめ、行基、西行といった高僧や源頼朝、加藤清正、徳川家康などの武将にまつわる貴種《きしゆ》流離譚《りゆうりたん》のひとつとして全国各地に残り伝えられている。村の外部からやってきた諸国を遍歴する客人《まろうど》によって、地に突き立てられた杖が根づいて大樹になるという奇蹟。樹木の種類も、銀杏や杉、竹、桜など多種多様である。

図1　鎌　足　桜

杖を地に突き立てることは、古くから儀礼や占卜《せんぼく》にかかわる呪術的な行為であった。また杖の樹木への化成は、死と再生のプロセスとして読みかえることができる。杖は仮死状態となった樹木であり、地に突き立てられることで蘇生する。杖を突き立てる行為とは仮死状態の樹木に生命をふき込む呪術的儀礼であり、巨樹に成長することは祈願成就や豊穣のあかしであった。

とすると、鎌足の杖立伝承は、高蔵寺の縁起と無関係に生まれたものではあるまい。鎌足桜があった小字「山の下」は、高蔵寺のある小高い丘へ向かう急峻な参詣路の入り口にあたる。また鎌足桜は、かつて高蔵寺の石段脇にもあったといわれている。さらに、岡山県美咲町の本山寺《ほんざんじ》にある杖桜は、法然の両親となる漆間時国《うるまときくに》夫妻が子にめぐまれないことをなげいて日参し、満願の日にたずさえていた杖を植えたら大桜になったものという。ちょうど高蔵寺縁起と鎌足の杖立伝説を合わせたような類話が確認できるのである。

鎌足の杖立伝承は、高蔵寺縁起の鎌足出生譚と同様に、藤原鎌足の誕生をことほぐ物語であったにちがいない。そして、鎌足桜とは、鎌足その人が大樹に変身したものと考えることもできそうである。

昭和五〇年（一九七五）ころ、枯れかけていた鎌足桜の巨樹を祖株として接ぎ木に成功し、地元でつくる「鎌足を考える会」や「鎌足ふるさとかるた会」の方々の手によって全国の鎌足ゆかりの地に植樹されている。今では、毎年四月下旬になると、各地で鎌足桜が薄桃色の花房をたれる。藤原鎌足の記憶は、はるかな時をこえて今も鎌足桜のなかに生きつづけているのである。

〈カタラレタ人〉
〈カタドラレタ人〉

人に歴史あり。歴史は人をつくり、人は歴史を生きつづける。

本書は、日本人のなかで再生産されてきたあるひとりの人物の歴史的イメージにせまる異色の人物史である。その向こうには、日本文化の奥底にねむる日本人の知や心性がみえかくれしているはずだ。

藤原鎌足という人物の歴史をとり上げてみることにしたい。大織冠《たいしょくかん》藤原鎌足（六一四〜六六九）といえば、蘇我入鹿《そがのいるか》の討滅に参画し、中大兄《なかのおおえ》皇子（のちの天智天皇）とともに大化改新とよばれる改革政治を断行した人物としてよく知られている。

しかし、あたらしい人物史は、あるひとりの英雄がどのような生涯をあゆんできたのかを明らかにするだけではない。彼は、生きていた時代のみならず、死してのちもなお長い時を生きつづけている。藤原鎌足伝とは、名もなき人びとの記憶にとどめられ、人口に膾《かい》炙《しゃ》されながら、時代の要請に応じてたえまなくイメージを更新され、無限に増幅されつづける歴史的運動である。

ようこそ、藤原鎌足の世界へ。

藤原鎌足には、一二〇点をこえる肖像画や肖像彫刻が今も残されている。また絵巻物や絵本類、紙幣、国定教科書、漫画、ドラマ、現代アートにいたるまで、さまざまな視覚史料のなかに登場する。他方、神話や物語、説話、寺社縁起、経典、能や幸若舞曲といった芸能や民話、伝承などなど、数多くの文字史料を生み出してきた。王の神話から民衆世界の伝承まで、鎌足は豊穣な言説世界の主人公でもある。本書は、こうした図像=〈**カタドラレタ人**〉と言説=〈**カタラレタ人**〉としての藤原鎌足の全貌を照射してみたいと考えている。

あたらしい鎌足伝は、舞台となる地域を縦横に往き来することになる。ここで中心にとり上げるのは、古代には都がおかれ、中世には南都とよばれた奈良で絶大な勢力をほこった藤原氏の氏寺興福寺と、その奈良盆地を北に見下ろす鎌足の墓所多武峯《とうのみね》妙楽寺《みようらくじ》（談山《たんざん》神社）である。加えて、鎌足誕生の地と伝えられる常陸《ひたち》国や武家の都鎌倉が、もうひとつの主要な舞台となるだろう。さらに、あつかう時代も自在にかけめぐることになる。鎌足が生きた七世紀から現代にいたるまで、鎌足の姿をもとめて一四〇〇年の時をこえる旅におつきあいいただきたい。

誕　生

王権輔佐の始祖

始祖誕生の風景

なにしろ一四〇〇年近くも前のことである。藤原鎌足の誕生は、深い霧のかなたにあって、神秘の厚いベールにつつまれているといわなくてはなるまい。

鎌子誕生

『日本書紀』などが記す没年から逆算すると、鎌足は推古天皇二二年（六一四）に生まれたことになる。父の名は中臣御食子《なかとみのみけこ》、母は大伴智仙娘《おおとものちせんのいらつめ》という。名を中臣鎌子、あるいは仲郎《なかち》といった。

たしかなことは少ない。生まれた場所ひとつとってみても定かではない。『藤氏家伝《とうしかでん》』が説く大和国高市《たけち》郡藤原のほか、『大鏡』がつくられた一二世紀初頭にはすでに、常陸地方の出身とする説までとびだしている。

中臣氏の祖先は、遠く神代の天児屋根命《あめのこやねのみこと》にまでさかのぼる。そこから二一代目が鎌足ということになっている。常陸出身説は、中臣氏がこの間に常陸あたりから出てきた傍系氏族だからではないかともいわれている。あるいは武甕槌命《たけみかづちのみこと》が常陸鹿島《かしま》を発って大和春日《かすが》の地に鎮座したという「鹿島立ち」の故実になぞらえられたものなのかもしれない。

多くのヒーローたちがそうであるように、のちになって鎌足の誕生にも奇蹟の尾ひれがついてくる。たとえば、鎌倉時代につくられた『多武峯縁起《とうのみねえんぎ》』には、以下のような奇妙な逸話が語られている。

ある夜、鎌足の母が夢をみた。自分の陰部から藤の木がはえ出てて、日本国中に藤の蔓《つる》が巻き広がり、花を咲かせた。目がさめてみると、男の子を懐妊していた。しかもその子は、母親のお腹のなかに一二ヵ月もいてから、八月一五日に誕生した。

旧暦八月一五日といえば、仲秋の名月。太陰暦で満月にあたる一五日は、かつての日本人たちの生き死ににとって、とても意味のある日づけであったらしい。お釈迦様も二月一五日に涅槃《ねはん》に入られた。試みに、平安時代以来、いくども編纂されてきた往生伝のなかから往生の日づけだけをピックアップしてみると、月別では八月、日別では一五日がぬきんでて多い。かぐや姫は十五夜に月へ帰っていったし、「お大師さん」でおなじみの弘法大師空海も南北朝期以降は六月一五日に生まれたことになっている。それは、月の満ち欠けに特別な意味を見いだそうとする日本人の心性のなせることだったのかもしれない。

ネアンデルタール人ばりの一二ヵ月妊娠説のような異常出生譚は、秦の始皇帝や空海の伝記にもみられる。かの大江山の酒呑童子《しゅてんどうじ》や源義経に仕えた武蔵坊弁慶だって、予定日をとっくに過ぎたころ生まれた鬼子とよばれる巨大な赤ん坊だった。

また母親が太陽を呑みこむ夢をみて懐妊したという帝生王説は、漢の太祖劉邦《りゅうほう》とか、モンゴル帝国の始祖テムジン（チンギス・ハン）とか、中国の各王朝の始祖たちの誕生の奇蹟を粉飾する常套手段であった。日本でも、後村上天皇とか、豊臣秀吉とか、日輪感精譚をもつ権力者がいる。特に秀吉は、「唐入り」の野望をはたすため、みずから「日輪の子」と称して東アジアの王にふさわしいことを内外に喧伝したといわれる。鎌足の場合、それが太陽ではなくて、藤の花が咲く夢であったというわけだ。

松にからまる藤

いつ、どこで生まれたのか定かではないけれども、鎌足誕生の記憶は、あるひとつの共通する風景につつまれている。

苔むした松の大樹が四方に枝をのばし、蒼々とした針葉を茂らせる。その松によりそい、蔓をびっしりとからませ、日の光をさえぎらんばかりにたわわに花房をたらして咲きほこる藤。

それは、中世に数多くつくられた鎌足の肖像画のなかにくりかえし描きこまれることと

図２　「多武峯曼荼羅」八講祭本尊（談山神社所蔵）

図3　大原神社（鎌足の産湯）

なった。「多武峯曼茶羅《まんだら》」とよばれる藤原鎌足像。画面中央に座す鎌足の背後に、松にからまる藤を画題とする障壁画が配されている。肖像画だけではない。その風景へご案内しよう。

たとえば、嘉永元年（一八四八）につくられた橘守部《たちばなのもりべ》『万葉檜嬬手《ひのつまで》』には、『多武峯廟記《とうのみねびょうき》』なる記録が引用されている。これによれば、「昔、藤井という名水があった。わき出る清水のその上に松や柏の樹々が生いしげり、その木に大きな藤の蔓がひっかかって日の影をみることができないので、みな月明かりさえまぶしくおもったものだ。その藤の古株は、最近まで鷺栖《さぎす》ノ杜《もり》のかたわらにあったということだ」と伝えている。現在では、この鷺栖ノ杜の東端に大原神社がある。大原神社は今でも「鎌足誕生堂」とよばれており、大きな藤の木の近くに「藤井」という涌水があったと言い伝えられている。人びとは、かつてこの地を「藤井ヶ原」、略して「藤原」とよんだという。

また一二世紀半ばころにつくられた『真言宗談義聴聞集《しんごんしゅうだんぎちょうもんしゅう》』には、「常陸にねむる鎌足の父親の墓所に、木によりからまることのない藤の木があった」とされている。何ものにもよりかかることなく佇立《ちょりつ》する藤の大樹。その凛としたいさぎよさが、鎌足の父の面影に重ね合わされているわけだ。

さらに先祖をさかのぼれば、藤原氏の氏神をまつる奈良春日大社にたどりつく。盛春の季節になれば、その社前に今も松にからまる藤の風景をみることができる。しかも、これとまったく変わらない風景が、延慶二年（一三〇九）につくられた『春日権現験記絵《かすがごんげんげんきえ》』にも描かれていたのである。

藤は鎌足誕生の風景であり、藤原氏の始原と繁栄をあらわすものであった。ならば、松とは藤原氏が輔佐する天皇をあらわすと考えることもできるのかもしれない。というのも、鎌足の歴史的イメージには王権を輔佐する者の理想の姿が重ね合わされているからである。

図４　『春日権現験記絵』巻７（宮内庁三の丸尚蔵館所蔵）

もうひとつ鎌足の誕生にまつわる物語を引いておこう。ある日、生まれたばかりの鎌足の枕元に、一匹の白いキツネがやってきた。キツネは赤ん坊を奪い、腹上で呪言をほどこして秘法をさずけ、藤蔓の巻きついた鎌をあたえて預言した。「おまえは天子の師範となったのち、この鎌で蘇我の大臣という悪人の首をはねて天下を平らげ、大臣の位に登りつめ、天子に法をさずけることになるだろう」。

鎌をくわえた白狐――即位灌頂の説話世界

藤蔓の巻きついた鎌。ここでも藤である。ともあれ、キツネが鎌足に鎌をさずけた話は、嘉禄三年（一二二七）につくられた尊経閣文庫所蔵『聖徳太子御事』という史料が最初で、中世には広く知られたものであったらしい。しかも、鎌倉末期の両部神道書『天照太神口決』になると、即位灌頂《そくいかんじょう》や即位法のはじまりを伝える「摂籙《せつろく》の縁起」とよばれるようになる。

即位灌頂。このなにやら小難しげな儀礼は、あたらしい天皇が即位する際にとり行なう密教の秘儀である。新帝が高御座《たかみくら》にのぼるとき、秘密の手印《しゅいん》をむすんで真言《しんごん》（明）を読誦《どくじゅ》する。この秘密の印明《いんみょう》は、あらかじめ摂籙の臣＝摂政・関白をつとめる藤原氏からさずけられるものとされていた。実際に、中世から近世にかけて歴代の天皇は時の摂関より印明を伝授される作法が即位儀礼のなかに組みこまれていた。

天皇即位儀礼の最重要秘事とされたこの秘法については、ちょうど昭和天皇が死去したころから研究が格段にすすんだ。その成果をまとめてみよう。

実際の即位灌頂は、治暦四年（一〇六八）に即位した後三条天皇がはじめて印をむすび、鎌倉初期に藤原氏出身である慈円《じえん》が『慈鎮和尚夢想記《じちんかしようむそうき》』のなかで理念化したといわれている。時をへて正応元年（一二八八）の伏見天皇即位にあたって即位灌頂がはじめて実施され、これ以降恒例化した。その契機は、天皇輔佐の臣の地位をめぐる競合のなかで、摂関の権威を高めるために藤原五摂家のひとつであった二条家がはじめたものと考えられている。即位灌頂とは、輔弼《ほひつ》の家としての藤原氏がつくり出した秘法であった。

こうした国家儀礼の場で天皇が実際に行なう即位灌頂とは別に、寺院のなかで語り継がれてきた即位法があった。その修法は多様であったようだが、由緒については大きく天台系と真言系の二種の説話にわけられる。このうち真言系の東寺即位法で伝えられてきた由緒こそが、「摂籙の縁起」であった。

即位法とは、天皇が日本の統治者としての資格をえたことをしめす仏教的な象徴儀礼であった。鎌倉末期に真言系寺院のなかで語り伝えられてきた即位法とは、四海領掌法《しかいりようじようほう》とよばれるダキニ天の真言であった。鎌足にさずけられた鎌のことはのちに述べるとして、ここでは鎌が四海領掌法をあらわし、藤原氏が天皇に即位法をさずけることの根拠として語られていたことを確認しておこう。鎌をさずけたキツネとは、ダキニ天のことであった。ダキニ天は、穀霊である稲荷神とも習合して、大地の豊穣性をつかさどる地母神であった。天から降臨した天照太神の子孫である天皇は、大地の精霊であるダキニ天の加護をうけることで、日本を領掌する王位を獲得できたと考えられている。

キツネが鎌をさずける――。たったそれだけの物語のなかに、天皇の即位儀礼で藤原氏がはたす歴史的役割が凝縮されていたのである。

四人の観音

藤原鎌足という存在は、つねに聖徳太子とともに語られてきた。そもそも鎌足の伝記は、『日本書紀』や『藤氏家伝』をのぞけば、太子伝によって知るほかないくらいなのだ。中世に数多くつくられた聖徳太子伝は、太子の生涯を描くだけではなくて、中大兄皇子と鎌足による蘇我入鹿暗殺をフィナーレとするものが少なくない。聖徳太子がもとめた理想の政治は、大化改新によって完成したと考えられていたからである。

聖徳太子と鎌足が並び称されたのは、ふたりが理想的な執政者であり、王権の輔佐役であったからにほかならない。

鎌足の直系の子孫である藤原氏は、代々摂政・関白として天皇輔佐の任にあたっていた。推古天皇の摂政といわれた聖徳太子は、彼らにとって理想の人物であった。藤原氏の始祖である鎌足もまた、王権を輔佐する者の理想であった。だから、摂関家の子孫たちは、聖徳太子と始祖鎌足とをむすびつけることで王権輔佐の正当性を主張しようとしたと考えられる。

承安三年（一一七三）に興福寺の碩学覚憲《かくけん》によって書かれた『三国伝燈記《さんごくでんとうき》』には、日本国をおこし、仏法流布の地とした聖徳太子への賛美がもり込まれている。それは、鎌足の肖像画を面前にしてとり行なわれた法会で読誦されたものであった。覚憲の甥にあたる笠置《かさぎ》の貞慶《じょうけい》も、建久九年（一一九八）の願文のなかで、仏教伝来の黎明期に推古天皇を輔佐した聖徳太子と、仏教定着後に天智天皇のもとで執政した鎌足とを並記している。寛正四年（一四六四）に多武峯でつくられ、これ以後、鎌足の忌日に読誦されることになる『談《たん》山権現講私記《ざんごんげんこうしき》』にも、同じような太子への賞賛がうたわれていた。

さらに、聖徳太子と藤原鎌足の関係を観音信仰のなかでとらえなおしたのが慈円であった。慈円は、摂関家に生まれ、比叡山延暦寺に入って天台座主《ざす》となり、後鳥羽・土御門二代の天皇を守護する護持僧《ごじそう》となった。一三世紀屈指の思想家として知られる慈円の代表作『愚管抄《ぐかんしょう》』をみてみることにしよう。

この日本国において観音菩薩が衆生《しゅじょう》に恩恵をあたえようとはからって、聖徳太子からはじまって、大織冠、菅丞相《かんしょうじょう》、慈恵大僧正《じえだいそうじょう》と、みなこの観音の化身であったことを深く思い知っている人はいない。ああ、ほんとうに主君も臣下もこういう観音のはからいを深く信じて、少しも曲がった道をとらず、正しい政道を守ることだけを考えていたならば、劫初劫末のめぐり合わせはどうすることもできないけれども、その中間の不運とか、思いもよらない災難にみまわれることはまずないはずなのに。良い政道が行なわれている世では、徳の力が災難にうち勝つものなのだから。

ここで慈円は、歴史上重要な役割をはたす四人の観音の化現をあげている。この四人の使命を王臣が深く信じるならば、小さな不運や不慮の災難は回避できるはずだとなげいている。その四人の観音の化身とは、聖徳太子、菅原道真、慈恵大師良源《りょうげん》、そして大織冠藤原鎌足であった。鎌足は、聖徳太子とともに観音の化身とされていたのである。

『愚管抄』はいう。鎌足は、「天照大神ト天児屋根命（春日神）ノ約諾」をうけて、「臣家ニテ王ヲタスケタテマツラルベキ期」に、「聖徳太子ニツヾキテ生レ」た観音であった、と。また鎌足の死後にあらわれた菅原道真と良源は、王法・仏法の両面から末代まで深く天皇と摂籙の家を間近に守護した観音であった、とも。

　奈良時代以来、観音は天皇の身体を守護し、社会秩序の安寧を維持する護国的役割をになってきた。平安中期になると、清涼殿《せいりようでん》二間に如意輪観音《によいりんかんのん》が本尊として安置され、毎月一八日の観音供《かんのんぐ》に加えて、如意輪観音法が玉体護持の修法《すほう》として恒例化してゆくようになる。慈円にとって、観音の化身である四人とは、観音のごとく天皇を守護する者たちであった。

　藤原鎌足の肖像画が右足をふみ上げる半跏《はんか》のポーズで描かれるのも、観音や聖徳太子の影響とみることもできるのかもしれない。藤原鎌足は、観音の化身とされることで、聖徳太子とともに理想的な王権輔佐者としての歴史的役割を期待されていた。それは、子孫である藤原氏族が摂籙の任にあることを正当化することでもあったのである。

一四〇〇年の血族

九条兼実の夢

慈円の同母兄である九条兼実《くじょうかねざね》は、藤原忠実《ただざね》の三男として生まれ、源平内乱という激動の時代を生きた摂政・関白であった。彼の日記『玉葉《ぎょくよう》』には、三つの興味深い夢が書き記されている。第一の夢は以下のようなものである。寿永三年（一一八四）三月一八日、左近衛大将藤原実定《さねさだ》が兼実の邸を訪ねてきた。そして、明け方にみたという不思議な夢についてうちあけた。だれとも名の知れぬ人物が夢にあらわれて、「古集」のなかの「藤枝が松関をたたく」という句についてたずねるので、実定は「知らない」と答えた。すると、その人物は、「「藤枝」とは藤原氏の「第一之人」で兼実をさし、「関をたたく」とは兼実が天下の実権をにぎること、

「松」とは長くその権勢をたもつことであろう」と預言したところで目がさめたという。これを伝え聞いた兼実は、最吉夢だと狂喜した。

またしても、松にからまる藤である。この夢のなかでは、藤は藤原氏の正統を受け継ぐ藤原氏長者をさし、松はその永遠をあらわすものと解釈されている。

時は源平合戦のまっただなか。この年二月、都をのがれた平家一門は一の谷合戦に惨敗し、翌年三月の壇ノ浦へ滅亡の坂道をころげおちてゆく。このころ源氏方にあゆみ寄っていた兼実にとってみれば、自分が氏長者となることもまんざら夢物語ではなかったはず。しかし、政治の表舞台におどり出ると考えた三男坊の皮算用はすぐには実現することなく、彼がめでたく摂政に就任するまで約二年の歳月を待たなくてはならなかったのだが。

第二の夢は、『玉葉』寿永二年（一一八三）九月一一日条に書き残されている。九条兼実に仕えていた女房の夢にある人があらわれて、「兼実は鎌足の生まれかわりである」というお告げがあったという。さらに寿永三年（一一八四）四月二八日条では、東のほうから飛んできた日輪を兼実が袖でうけとるという第三の夢が語られている。兼実は、この吉夢が「大職冠御加護」であったと述懐している。

九条兼実は、鎌足の余徳にあずかり、鎌足の加護への祈謝を強く自覚していた者のひとりであった。彼は、みずからを鎌足の後身として自覚し、その加護のもとで「累祖大織冠以来の摂籙の任」にあたることを期待していた。源頼朝が鎌倉に幕府を開き、武家の世が幕をあけようとするこのころ、藤原氏は五摂家をはじめとする諸家分立への道をあゆんでゆくことになる。数ある藤原氏族の一流にすぎない兼実がみずからを嫡流として正当化するためには、鎌足という始祖が必要だったのである。

それは九条家にかぎったことではない。藤原氏とは、平安時代から明治維新まで一〇〇〇年以上もの長きにわたって摂政・関白の地位を独占しつづけ、近現代に入ってからも首相を輩出するなど、世界史的にもきわめて希有な血族である。その始祖である藤原鎌足は、五摂家をはじめ多くの子孫たちによって崇拝されつづけてきた。鎌足の肖像画を所蔵する藤原諸家も少なくない。藤原鎌足とは、王権輔佐の血族の始祖であった。

とはいえ、ここでは九条家を例に、もう少しその具体像にせまってみることにしよう。

九条家の始祖崇拝

たしかに九条家は、はやくから鎌足への始祖認識を強くもっていた家であった。

兼実の同母弟にあたる慈円は、先に述べたように、日本の歴史の変わりめに登場する観音の化身として藤原鎌足をあげ、優れた輔佐の臣のあり方をしめした人物としている。

図5　藤原鎌足と九条家系図

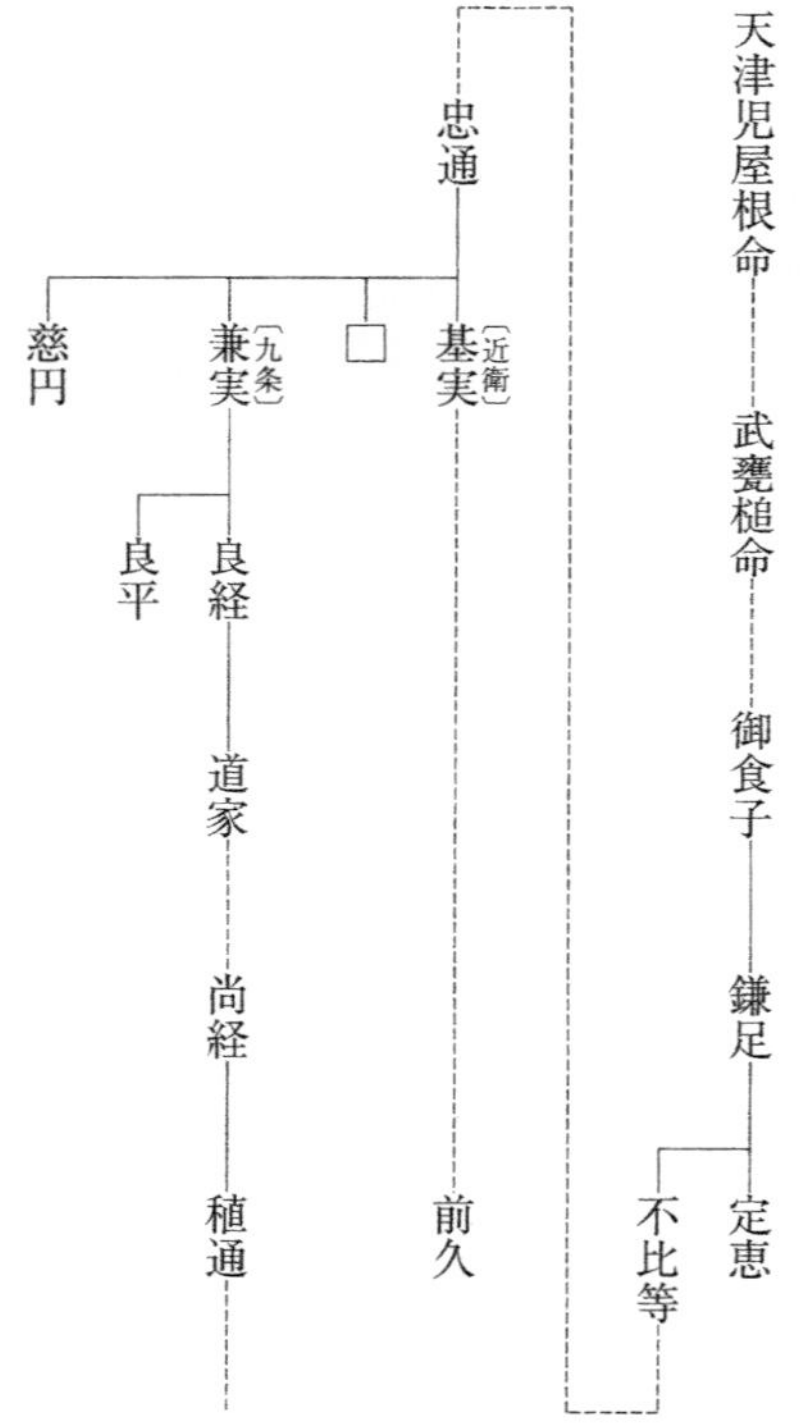

『愚管抄』のなかでは、摂関政治の確立以前の人びとは「大織冠ノ御子孫」「大織冠ノ御アト」「大織冠ノナガレ」とよばれている。古くから鎌足の子孫という系譜意識があったことが指摘されている。

　兼実の孫にあたる九条道家《みちいえ》は、承久三年（一二二一）三月九日づけで長文の願文をしたためた。ここで道家が語った九条家隆盛の歴史の起源は、「賊臣を誅し聖化を助け」た始祖鎌足の功績から説きおこされていた。

また安貞年中（一二二七〜一二二九）に、兼実の息である九条良平《よしひら》が京都近郊の大山崎の地に成恩院《じょうおんいん》を建立している。この成恩院の内陣には「曩祖像《のうそぞう》」が安置され、「厳親《げんしん》の遺誡《ゆいかい》を守り、大織冠以後の代々の累祖幽霊の菩提をたすけ、おのおの遠忌《おんき》をお迎えし、面々の修善《しゅぜん》の道場をいとなむ」こととしたという。「曩祖像」が具体的にだれをさすのかはっきりしないけれども、「大織冠」＝鎌足と「厳親」＝兼実を強く意識する祖先観がうかがえる。

明治四三年（一九一〇）に刊行された古画作品目録『訂正増補考古画譜』をみると、九条家にも藤原鎌足の肖像画が伝来していたことがわかる。現在、幽玄斎コレクションのなかに「鎌足像　九条家傳来　室町時代」の箱横書をもつ「多武峯曼荼羅」が現存してもいる。また岡山県笠岡市浄心寺《じょうしんじ》所蔵「藤原鎌足像」は、九条家から明光上人《めいこう》に贈られたという伝承をもっている。明光上人は、この付近を拠点に活動した鎌倉前期の浄土真宗の僧侶である。

さらに、一六世紀の九条家に「三宝」なる宝物が伝えられていたらしい。

藤原氏の三宝というのは、ひとつには大織冠御自筆の尊像、ふたつには文徳天皇の女御藤原明子がお書きになった唯識《ゆいしき》三〇講、みっつには小狐の太刀などのことである。『九条稙通公別記《くじょうたねみちこうべっき》』天正一三年（一五八五）七月二五日条である。天下に覇権をとなえた羽柴秀吉《はしばひでよし》が藤原姓を名のって関白となったころ、九条稙通と近衛前久《このえさきひさ》との間で藤原氏長者をめぐる争いがおこっていた。その際、稙通は祖先以来の「三宝」を所持していることを根拠に九条家こそが正嫡であると主張している。天子に三種の神器があるように、臣家には三宝がある。その第一に数えられたのが藤原鎌足の自画像であった。

そんな、うそっぱちだと一笑に付すことなかれ。一種荒唐無稽な珍品に思われるけれど、稙通は大真面目であったにちがいない。

というのも、藤原氏の宝物といえば、宇治の宝蔵の品々がよく知られている。この宇治の宝蔵は、藤原氏長者が就任後はじめて訪れる「宇治入り」のとき以外は人の立ち入りを厳重に管理された宝物庫であった。そこに秘蔵された収蔵品も、玉藻前《たまものまえ》に化けたキツネの死骸だとか、酒呑童子の首だとか、『源氏物語』雲隠《くもがくれ》六帖だとか、およそ実在するとは思えないまぼろしの秘宝のオンパレードであった。

絵画や彫刻・書籍・楽器・陶磁器といった特定の文物は、ある時から使用され消費されることをやめて、その由来に関する神秘的な物語をまとって宝物となった。そして、実用の現場を遠のいて宝蔵の奥深くに秘匿されることで、権威の源泉として言説のなかでのみ生きつづけていたのである。

宇賀弁才天の鎌足像

京都駅から地下鉄烏丸線にのって鞍馬口駅を下りた閑静な寺町の一角に、上善寺《じょうぜんじ》というお寺がある。大文字をのぞみ、比叡山を見はるかす鴨川堤の右岸に建つ浄土宗知恩院末の寺院である。幕末には勤王の志士たちが出入りし、中世には天台宗の念仏道場として栄えたこの寺に、一幅の仏画が伝えられた。「宇賀弁才天《うがべんざいてん》十五童子像」。弁才天は、七福神のひとりとしておなじみ、池畔に棲む白蛇を使いとする神さまである。インド・中国をへて日本にわたってきたときは、福徳・延寿・財宝をつかさどる女神であった。中世の日本では、琵琶をもつ楽神妙音天《みょうおんてん》としてつとに知られるようになるが、もうひとつきわめて特異な弁才天信仰が展開していた。滋賀県竹生島《ちくぶじま》と奈良県天河社《てんかわしゃ》を中心とする宇賀弁才天である。

上善寺所蔵「宇賀弁才天十五童子像」は、一四世紀ころの制作になる。画幅の中央には、ひときわ大きな宇賀弁才天が蓮華座《れんげざ》に座す。弁才天は、宝剣や輪宝《りんぽう》、弓、宝珠《ほうじゅ》などをとる八臂《はっぴ》の女神姿である。その頭上には、宇賀神という小さな異形の神像がいる。宇賀神は、とぐろを巻いた白い蛇体の上に白髪の老翁姿の頭部をもつ一風変わった姿をしている。そ

左上部の俗人像

図6　「宇賀弁才天十五童子像」（上善寺所蔵）

の周囲に一五人の眷属《けんぞく》の童子たちを配し、牛馬や米俵を積んだ大八車や船などを描く。これらは、中世に広く流布していた宇賀弁才天像の図様を継承したものである。

ところが、画面左下には毘沙門天、右下に不動明王、右上に千手観音像、左上に俗人像が描き加えられている。あらたに四体の尊像が描かれている点で、上善寺所蔵本はきわめて特異な弁才天像となっている。特に注目したいのは、左上部に描かれた俗人像である。この俗人像は、朝服《ちょうふく》に身をつつみ左向きで、右足を膝もとに上げ、左足をふみ下ろす半跏のポーズで椅子に座している。その図像的特徴から、これはどこからどうみても鎌足の肖像画とよぶほかない。

はて、どうして弁才天像のなかに藤原鎌足像が描きこまれることになったのだろうか。上善寺の改宗や動乱の歴史にまぎれて、この絵の制作や伝来の経緯は杳《よう》として知れず、真相は闇のなかにある。それでも、なぞを解くヒントは、京都の東南にあった宇賀塚にまつわる以下のような伝承にありそうである。

大織冠は入鹿大臣を討罰した忠功のため、天智天皇の叡感《えいかん》によって山城国紀伊郡に土地をたまわった。そこで、大織冠は未来のことをかんがみて、懸守《かけまもり》としていた宇賀神をこの地の水田に埋めて言い残した。「これから一〇〇余年たてば、この九条の地に都がうつされるであろう」と。今でもその塚があり、宇賀塚とよばれている。在所は宇賀辻という。たしかに天智天皇から桓武天皇まで一〇〇余年にして平安城に遷都し、九条家はこの在所を相続している。九条家は末孫にいたるまで繁栄することであろう。

先にあげた『九条稙通公別記』の前段で、九条家の邸宅があった東九条荘の宇賀塚の起源に関する一節である。ここでは、九条邸の由緒が鎌足の預言に仮託され、鎌足の首に懸けていた宇賀神のお守りを埋めた場所とされているのである。さらに、稙通の父にあたる九条尚経《ひさつね》の日記『後慈眼院殿記《ごじげんいんどのき》』をみてみよう。

多武峯にある大織冠の御廟の土を京都の九条邸にもち帰ったとき、白い蛇が一五筋ほど屋敷にやってきた。これは吉兆である。わが九条家における春日神の本地説は、近衛家とは異なっている。当家の鎮守はダキニ天である。別に弁才天であるとも聞いている。

稙通の記録からさかのぼること七五年。永正七年（一五一〇）九月、多武峯に安置されていた鎌足木像に破損が発見された。いわゆる破裂である。この一連の騒動のなかで、九条尚経は、鎌足の墓の土とともにあらわれた白蛇の奇瑞にふれて、鎌足とダキニ天・宇賀

図７　宇賀神社（宇賀塚）

弁才天とが同体であるとする独自の説を開陳している。鎌足が築いた宇賀塚の地に建てられた九条邸の鎮守がダキニ天であり、弁才天でもあるという。どうやら、このころ九条家では、近衛家との正嫡争いのなかで、鎌足をめぐるあらたな説話がつくり出されていたようである。

宇賀神は穀物神で、稲荷信仰ともかかわりが深く、大地の精霊であるダキニ天ともむすびついている。中世の弁才天は、宇賀神と習合することでダキニ天とむすびついていた。先に述べたように、ダキニ天は、「摂籙の縁起」によって鎌足と深い関係をもっていた。上善寺所蔵「宇賀弁才天十五童子像」に鎌足像が描き加えられたのは、あるいはこうした九条家の言説を背景とするものなのではあるまいか。

珠取り説話の変容

眉間のレガリア

一四〇〇年にわたって君臨してきた藤原氏の権勢と栄華は、ひとえに鎌足の物語を通して語られてきたといっていい。その代表的な物語である幸若舞曲《こうわかぶきよく》『大織冠』を紹介しておこう。幸若舞曲『大織冠』は、室町末期から江戸初期にかけて絶大な人気を博した演目である。当時、少なくとも一八回の上演回数を数え、最多をほこっていた。まずはそのあらすじを紹介しておこう。

鎌足の次女であった紅白女《こうはくによ》は、唐の太宗《たいそう》皇帝にのぞまれて輿入れした。そのころ春日社で託宣をうけた鎌足は、興福寺の本尊釈迦像を造像していた。それを伝え聞いた紅白女は、釈迦像の眉間《みけん》に納めてほしいと、無価宝珠《むげほうじゆ》をはじめとする珍宝を日本へ贈った。その途次で珠を奪おうと考えた龍王は阿修羅《あしゅら》を遣わし、筑羅《ちくら》が沖《おき》で護衛する万《まん》戸将軍《こしょうぐん》と合戦になったが、撃退されてしまう。しかし、龍宮の乙姫に万戸将軍を誘惑させ、房前《ふささき》の沖で無価宝珠を奪いとることに成功した。

鎌足は、宝珠を取りかえすため、身をやつして房前の浦におもむき、ひとりの海女と契りをむすんだ。やがてふたりの間に男の子が生まれ、房前と名づけられた。それからほどなくして、鎌足は海女にすべてをうちあけた。房前を藤原氏の嫡子とすることを条件に、海底の龍宮から珠を奪いとってきてほしい。願いを受け入れた海女は、単身海底の奥深くもぐり、龍宮から珠を奪い返すことに成功する。

宝珠を奪われたことに気づいた小竜王は、ひれに剣をはさみたて、深紅の舌をふりたて、一〇丈の巨体をふるわせながら狂乱の体で海女のあとを追う。船上で帰りを待つ鎌足たちは、大蛇の手から救い出そうと、海女の腰につけた布綱を必死にたぐり寄せる。けれども、綱も残り少なくなったとみえたとき、大蛇は海女に猛然とおそいかかって両足を食いちぎり、あわれ海女はその命をおとしてしまう。引き上げられた海女の遺骸を前に悲嘆にくれる鎌足は、ふと海女の胸に不自然な傷を発見する。いぶかしんでみてみると、傷のなかから宝珠が出てきた。その死の直前、海女はとっさにみずからの胸を裂いて宝珠を埋めていたのである。こうして宝珠は鎌足の手にもどり、奈良興福寺の釈迦像の眉間に納められた。

『大織冠』というストーリーができあがるまでの歴史をたどってみることにしよう。

この物語は、龍と人との間でくり広げられるはげしい珠の争奪戦を主題としている。海女の珠取りをテーマとする物語は、はやく『日本書紀』允恭《いんぎょう》天皇条などにもみられ、古くから神話的古層にあったと考えられている。それは、〈海（龍の世界）〉と〈陸（人間の世界）〉という、ふたつの世界の間になされた交換あるいは贈与を主題とする神話であった。聖なる珠は、潮の干満を自在にあやつる〈海〉の神宝であるとともに、仏法繁昌を象徴する〈陸〉の王宝《レガリア》でもあったから、龍の棲まう〈海〉と人が生きる〈陸〉とのふたつの世界をゆれうごくことになる。この聖なる珠を媒介する女は、〈海〉に属する海女であったが、やがて〈陸〉の男と契りをむすぶことによって、珠を人間の世界にもたらすことになる。

やがて神話は、藤原氏の物語としてより具体的なかたちをとりはじめる。鎌倉後期につくられた『大鏡底容抄《おおかがみていようしょう》』になると、奈良興福寺を創建した藤原不比《ふひ》等《と》を主人公として、同寺中金堂の本尊釈迦如来像の眉間に納められた珠あるいは銀仏の由緒として語られはじめる。ここでの珠・銀仏は、生前に不比等の父鎌足の髻《もとどり》に納められていた護持仏とされる。それは、鎌足を釈迦になぞらえ、鎌足を釈迦の生まれかわりとする聖遺物であった。

さらに、一四世紀半ばにつくられた『讃州志度寺縁起《さんしゅうしどじえんぎ》』や謡曲『海女《あま》』では、不比等と海女との間に生まれた房前が藤原氏の世継ぎとなる出生譚がつけ加えられる。こうした物語が形成されたことによって、中世の珠取り説話は、藤原氏の繁栄と世継ぎの安寧、氏寺興福寺の隆盛をことほぐ意図が鮮明化してゆくのである。

唐船の富と栄華

幸若舞曲『大織冠』は、室町末期から近世初頭にかけてたびたび上演され、興業は大成功をおさめることになる。また一七世紀になると、屛風や絵巻、絵本、刷り物など、『大織冠』を主題とする絵画がもてはやされ、大名家や豪商たちの間で所蔵されていたらしい。

『大織冠』は、なぜこれほどの好評を博したのだろうか。その秘密にせまってみることにしよう。

謡曲『海女』から幸若舞曲『大織冠』へ。幸若舞曲『大織冠』の最大の特徴は、主人公を不比等から鎌足に変更した点にある。タイトルの変更に端的にしめされているように、舞曲の登場は、希代のヒーロー鎌足にスポットライトがあてられたことを意味する。

またここでは、天智天皇の大化改新に対して、太宗皇帝の貞観《じょうがん》の治がなぞらえられている。大化改新という古代日本においてなしとげられた一大政治改革を、ほぼ同時期にすすめられた唐の模範的政治になぞらえ、賛美したのである。鎌足の長女光明子《こうみようし》は聖武《しようむ》天皇の皇后となり、次女の紅白女は太宗皇帝の妃となった。ならば、鎌足は日本と唐の皇室とふたつながらに縁戚関係をむすんだことになるわけで、藤原氏の権勢はいやましにますことになるだろう。

大正八年（一九一九）六月二六日、東京東両国の東京美術倶楽部では、播磨本間氏の古美術所蔵品の入札が行なわれた。このとき出品された数々の所蔵品のなかに、板谷慶舟《いたやけいしゆう》（桂舟、一七九七年没）・慶意《けいい》（一八一四年没）筆「藤原鎌足・李勣《りせき》像」があった。現在そのゆくえは不明である。それでも、売立目録に掲載された写真をみてみると、朝服姿で立つ鎌足が右幅に、笏《しやく》をもった右手を前につきだして立つ唐服姿の李勣が左幅に、たがいに向かい合うように描かれている。それぞれの上部の短冊に讃文があり、寛政三博士のひとりとして知られる柴野栗山《しばのりつざん》のものとされている。

「藤原鎌足・李勣像」は、日本と唐でほぼ同時代に活躍した輔佐者である鎌足と李勣の肖像を対幅に仕立てた珍しい作品である。栗山はおのおのの肖像画に次のように著讃して

図8　「藤原鎌足・李勣像」

いる。鎌足は、逆臣入鹿を誅して社稷《しやしよく》を安じ、斉明・天智のふたりの天皇に忠義をつくした「無比の人臣」であった。同じように、李勣は、太宗・高宗の二代の皇帝に仕え、竇《とう》建徳《けんとく》と王世充《おうせいじゆう》を平げ、高麗遠征を遂行した「功最多」の重臣であった。

ありし日の唐の栄華になぞらえながら、日本の藤原氏の繁栄が強調されていたわけだ。それればかりではない。

たとえば、『大織冠屛風』には巨大な唐船が描かれている。そこに描かれたのは、異域・異人に対する畏怖とともに、交易によって異国からもたらされる富への憧憬であった。一七世紀を通じてさかんに制作された『南蛮屛風』に「黒船」が描かれたように、『大織冠屛風』には中国船をあらわす「白船」を描く『唐船図』の伝統がひきつがれていた。南蛮船が海外の文物や先進技術をのせた宝船であったように、多くの舶載品を積みこみ、珍品・秘宝をずらりとならべた唐船もまた富の象徴であった。それは、国際貿易による商売繁盛とこれによる財福への希求のシンボルであった。

また『大織冠屛風』には、唐の宮殿や唐人たちの風俗が描かれているものが少なくない。太宗皇帝の宮殿の描写は、中国の「王会図」からの図像伝統を踏襲しており、紅白女のもとへ向かう求婚の使節は、朝鮮通信使をモデルにしているといわれている。辺境の蛮族た

図9　『大織冠図』求婚の使節（ケルン東洋美術館所蔵）

ちを服属させた「王会図」の風景は、唐がほこっていた強大な権力のシンボルであった。また華麗であでやかな使節たちの行列は、当時の人びとが目にすることのできた朝鮮通信使のにぎわいに重ね合わせられたにちがいない。こうした豪奢で華やかな室礼や行列は、富と権勢へのあこがれを喚起させたにちがいない。

それは、もはや鎌足の物語と藤原氏族への賛歌を脱皮している。『大織冠』は、鎌足を交換可能なヒーローへと変貌させ、だれもがあこがれうる富と幸福をことほぐ物語へと離陸していったのである。

海女と龍と蛇と蛸

人気の秘密はそればかりではない。

『大織冠』には、紅白女や海女といった多くの女性たちが登場している。また求婚・祝言・育児・死にいたるまで、彼女たちの生涯をいろどる節目の場面が絵画化されている。たとえば、唐へ輿入れする紅白女のきららかな行列は女性の生涯でもっとも晴れやかで、幸福につつまれた風景だし、質素な家ながら鎌足と嬰児《えいじ》をだく海女の仲むつまじく暮らす姿もほほえましい。鎌足と海女、太宗皇帝と紅白女のほかに、万戸将軍と乙姫、龍王と龍女までを加えた四組のカップルの姿にも、幸福に満ちあふれた円満な夫婦像が演出されている。

これらは、『大織冠』があるべき理想の女性とその幸せをことほぐ目的をもつようになったからだと考えられている。おそらく大名家や豪商といった富裕層の輿入れ道具としてつくられた『大織冠屏風』も少なからず存在したのであろう。もっとも夫と息子のために命をおとす海女の生きざまは、「三従《さんじゅう》（父・夫・息子という三人の男性にしたがう）」に代表される、江戸時代の男尊女卑という漆黒のなかでの理想を反映したものにすぎないのだが。

こうした近世的な儒教倫理にもささえられて、『大織冠』は空前の人気を博した。しかしその一方で、海女と龍との熾烈な戦いの場面がパロディ化され、意外なストーリーへと展開してゆくことになる。

図10　『大織冠図屛風』太宗皇帝と紅白女（アシュモリアン美術館所蔵）

図11　『大織冠図』鎌足と嬰児をだく海女（ケルン東洋美術館所蔵）

巨大な龍と死闘をくり広げる海女の姿は、一四世紀の『志度寺縁起』には絵画化されることがなかった。ところが、一七世紀の『大織冠屏風』では、物語の大団円をなす場面としてクローズアップされるようになる。

図12　『大織冠図』龍と戦う海女
（ケルン東洋美術館所蔵）

図13　歌川国芳筆「蛸と戦う海女」

また『讃州志度寺縁起』や謡曲『海女』で海女と争ったのは龍王だったが、『大織冠』では「小龍王」という大蛇に変更されている。蛇と龍は、前近代の日本人にとっては同一視された動物であった。蛇を女性の妄執のシンボルとする物語は、『道成寺《どうじょうじ》縁起』をはじめとして近世には枚挙に暇がない。

やがて蛇は蛸へと変じる。蛇の尾が裂けて蛸に変じる奇談は、近世の随筆類のなかにしばしばみられる。また海底深く棲まい、人をくらう巨大な大蛸の伝承は、一六世紀末から確認できる。さらに、一七世紀末には、女性器をあらわす「蛸壺」や「章魚開《たこつび》」といった異称が登場した。

上半身をあらわにさらし、赤い腰巻きだけをまとった海女の足下に蛸がからみつく。そんな男女の情事を暗示する絵画が、一八世紀の春画や艶本《つやほん》のなかにしばしばみられるようになる。こうした海女と蛸のイメージが、『大織冠』の海女が蛸と死闘をくり広げる絵画へと戯画化していったのである。

その終着点は、文化一一年（一八一四）に刊行された葛飾北斎《かつしかほくさい》の艶本『喜能会之故真通《きのえのこまつ》』の挿絵「蛸と海女」であった。巨大な蛸の吸盤が海女の乳房に吸いつき、下腹部をすすり、小蛸が唇をまさぐる。この怪奇的なエロティシズムは、一九世紀末の西欧画壇や文壇にセンセーションをまきおこすことになる。それればかりか、一九九三年に制作された会田誠の「巨大フジ隊員vsキングギドラ」のような現代アートや、戦後日本のアニメ、漫画といったサブカルチャーにまで根深く継承されてゆくのである。

そこに、もはや藤原氏の始祖鎌足の姿をみることはできない。鎌足をめぐる物語は、たえまなく自在に変貌をとげながら、あらたな物語をつむぎ出しつづけていったのである。

運命

靴でむすばれた君臣

靴脱げた！

法興寺の出会い

ぽん、と天高く跳ねあがった鞠《まり》。

すべては蹴鞠《けまり》からはじまった。世に名高い鎌足と中大兄皇子の出会いの物語である。主従の出会いは、実に多くの歴史書や物語のなかに書き継がれ、日本人にはなじみ深い。かつて尋常小学校国史教科書にはかならずこの話が掲載され、ふたりの姿が挿絵になっていたから、戦前の初等教育をうけた方なら知らない人はいないだろう。昭和九年（一九三四）四月から尋常小学校五学年用として刊行された『尋常小学国史』を引用してみることにしよう。

蝦夷の子入鹿は、父にもましてわがまゝなふるまひが多かつた。殊に、自分の縁のある皇族を御位にお即かせ申し上げようと、聖徳太子の御子孫をほろぼし、はては自分の家を宮、その子らを王子と呼ばせて、少しもはゞかるところがなかつた。蝦夷父子のやうなものは、朝廷をおそれたてまつらぬ不忠の臣といはねばならぬ。中臣鎌足は、この有様をみて大いにおこり、朝廷の御ために、どうかして入鹿父子をほろぼさうと決心した。この頃、舒明天皇の御子中大兄皇子も、またかねてから蘇我氏のわがままなふるまひをおにくみになつてゐたので、鎌足は、何とかして自分の心を皇子にうちあけたいものと思ってゐた。ところが、ある時、皇子の蹴鞠の御遊にまゐりあひ、御そば近くにゐると、皇子の御靴がぬげた。これをとつてさし上げたのが縁となり、これから皇子にお親しみ申して、ひそかに、同じ志の人びとといつしよに、謀をめぐらしてゐた。

皇極《こうぎょく》天皇三年（六四四）正月、飛鳥法興寺《ほうこうじ》の槻《つき》の大樹のもとで蹴鞠会がもよおされた。人びとが蹴鞠をたのしんでいるさなか、中大兄皇子の右足の靴が、鞠を蹴り上げた拍子に脱げおちてしまう。困惑する皇子をよそに、周囲にいた人びとは、権勢をふるう蘇我入鹿への遠慮から素知らぬふりをよそおい、脱げた靴をひろうそぶりもみせない。そのときひとりの男があゆみ寄った。その男、すなわち中臣鎌足は、脱げおちた靴をひろって高くさ

図14　『多武峯縁起絵巻』（談山神社所蔵）

さげもち、皇子の前にひざまずいて献じた。それ以来、皇子と鎌足は親密になり、たがいに心をうちあけ、ひそかに忠義の同志をつのって蘇我入鹿誅滅の策謀を練りあげることになる。

おなじみの逸話である。でも、ちょっと待てよ。このふたりの出会いの物語の、いったいどこが感動的なんだろう。脱げた靴をひろってあげただけじゃないの。少し大げさすぎはしないかしら。

シンデレラとオイディプスと中大兄皇子

この主従の出会いの物語、実はよく似た話が海をこえて朝鮮半島にも伝えられている。朝鮮の『三国史記《さんごくしき》』新羅本紀《しらぎほんぎ》の文武王《もんむおう》条に記された新羅《しらぎ》王金春秋《おうきんしゅんじゅう》（武烈王《ぶれつおう》）とその重臣金庾信《ゆしん》との出会いの物語。それは、蹴鞠会で春秋の衣のつけ紐をやぶった金庾信が、春秋を自邸にまねいたことにはじまるという。金春秋と金庾信、中大兄皇子と中臣鎌足。朝鮮と日本の二組の主従の出会いの物語が、ともに蹴鞠会におけるアクシデントにもとめられているのである。ちなみに、中国四大奇書といわれる『水滸伝《すいこでん》』には、宋の徽宗《きそう》皇帝が蹴鞠の技を披露した高俅をとり立てた逸話も載せられている。

日朝に残るふたつの所伝は、いずれも歴史的事実ではなく、たぶんに説話的要素の濃いものといわれている。日本の法興寺の出会いをはじめて記した史料は、養老四年（七二〇）成立の『日本書紀』である。鎌足が死んで五〇年あまりにして、はやくもこの物語は完成していたことになる。これに対して、『三国史記』の成立は、一二世紀半ばまでくだる。ただし、『三国史記』が先行する『日本書紀』の逸話を引用してつくられた可能性は低いようだ。主従の出会いとそのきずなの深さを演出する同工異曲の説話が、まったく別の場所で発生したと考えられている。

ならば、説話をもう少し広い神話世界のなかに投げ入れてみてはどうだろうか。右足の靴が脱げてしまう中大兄皇子の物語は、神話的古層にねむる〈片足の王の物語〉＝跛行《はこう》神話なのではないか。

古来、跛行を主題とした神話や儀礼は、広大なユーラシア大陸をおおって、超文化的にくりかえしあらわれている。

たとえば、おなじみの『シンデレラ』。灰かむりとよばれた少女が、継母のいじめにあいながら、幸せになる物語。世界各地にシンデレラのバリエーションといえる話が残っていて、古くから広い地域に伝わる民間伝承であったらしい。もっとも古い記録のひとつは、ギリシャの歴史家が紀元前一世紀に記録したロードピスの話で、その後もグリム兄弟やシャルル・ペローらによって書きなおされた。九世紀の唐でつくられた『酉陽雑俎《ゆうようざつそ》』にも「葉限」とよばれたシンデレラの類話がある。近いところでは、一九五〇年にアメリカのウォルト・ディズニーによってアニメ映画が制作されている。あらためて紹介するまでもないかもしれないが、あらすじは以下のとおりである。

シンデレラは、継母とその連れ子の姉たちに日々いじめられていた。ある時、お城で舞踏会が開かれることになり、姉たちは着飾って出かけていった。家においてきぼりにされたシンデレラは、魔法使いやネズミや白鳩らにたすけられて舞踏会へゆく準備を整えたが、一二時には魔法が解けるので帰ってくるようにと警告される。シンデレラは、お城で王子にみそめられたが、一二時の鐘の音が鳴り響くと、階段に片方の靴をおとしたまま城を去ってしまう。王子は、靴を手がかりにシンデレラをさがした。シンデレラのおとした靴は、ふたりの姉たちをふくめてだれにもあわなかった。ついにシンデレラは王子に見いだされ、后として迎えられる。

一九世紀前半につくられたグリム童話『灰かぶり姫』は、ほぼ同じ内容をもっているが、以下の点で興味深い相違点をもっている。王子が靴を手がかりにシンデレラをさがしたとき、連れ子の姉たちは靴に合わせるために、長女はナイフで爪先を切り落とし、次女はか

かとを切り落とした。いずれもストッキングに血がにじんで見抜かれてしまう。グリム童

話では、シンデレラのみならず、ふたりの姉たちまでもが、足にまつわる逸話をもってい

たわけである。

あるいは、こちらもギリシャ悲劇としてよく知られた『オイディプス』。「オイディプ

ス」とは、彼のかかとの腫れゆえにつけられた「腫れ足」という意味の名前である。その

父「ライオス」にも、「足を欠損している」という意味がふくまれているらしい。

テバイの王ライオスは、生まれた男の子にまつわる呪われた神託をおそれて、生後まもなく嬰児《えいじ》の両かかとをピンで刺しつらぬいた後で山奥に捨てさせた。みずからの出生の秘密を知らずに成長したオイディプスは、「もし故郷に帰れば、父を殺し、母と褥《しとね》をともにすることになるであろう」という預言をうけた。

旅に出たオイディプスは、馬車にのるライオスの一行と出会う。押しのけあいから争いとなって、実の父とは知らず彼らを殺してしまう。その後たどりついたテバイの都は、ライオス王一行の死で騒然としており、また郊外に出没する怪物スフィンクスの恐怖になやまされていた。オイディプスは、スフィンクスのなぞを解いてこれを退治することに成功する。スフィンクスのなぞとは、「一つの声を持ち、二つ足にして

四つ足にして三つ足なるものが、地上にいる。それがもっとも多くの足に支えられてあるくとき、その肢体の力はもっとも弱く、その速さはもっともおそい」というもの。オイディプスは、なんなくこのなぞを「人間」とときあかしたのである。やがてオイディプスはテバイの王位につき、実の母とは知らずにイオカステを妻とした。

父親殺しと母親との近親相姦というふたつのおそろしい預言が現実のものとなったとき、テバイを凶作がおそい、悪疫が流行するようになる。ほどなくしてオイディプス王はすべての真実を知り、みずからが国運をかたむけた忌まわしいけがれの原因であることをさとる。真相を知った母イオカステは、みずから首を吊って死んでしまう。オイディプス王は、はげしい心の苦しみのはてに、みずから両目を突きつぶして、放浪の旅へと出てゆく。

『シンデレラ』や『オイディプス』のほかにも、跛行説話は古くからさまざまな地域で伝えられている。こうした腫れた足、不自由な足、焼かれた足、片方だけのサンダルや裸足の間には、神話・儀礼において超文化的にあらわれる人類の無意識的精神遺産の一部をなす象徴的等価性が認められるという。

神話学の解釈によれば、歩行の不均衡を中軸とする神話や儀礼は、人間が大地から出生したことの矛盾にかかわるとされている。主人公たちを性格づける歩行に関連した特徴は、死者の世界と生者の世界の境にいる存在の目印とされる。サンダルを片足だけはくことは、もう一方の足が地面と直接ふれることで、地下の力と関係をもとうとする儀礼的状況と関連している。つまり、片足の跛行者は、人間の世界と霊魂や神々の世界との仲介者なのである。

片方の靴を脱ぎおとす中大兄皇子の姿は、こうした魔術的跛行者たちと親近性をもっている。ならば、中大兄皇子とは、いわば大地と人間の間をゆれうごく存在であった。他の多くの〈片足の王の物語〉のなかにあって、法興寺蹴鞠説話もまた人間と大地との関係を潜在的に主題とする神話だったと考えられる。

斎槻の大樹のもとで

法興寺蹴鞠説話の神話的性格は、舞台となった法興寺の槻の木にもみることができる。

法興寺の西の庭に槻の巨樹があった。日本最初の本格的伽藍として建立された法興寺（飛鳥寺）は、奈良盆地の東南に位置し、狭小な平地を北流する飛鳥川東岸に建てられた。槻木は、寺域西辺から飛鳥川にかけてのゆるやかな傾斜地にあったと考えられている。現在、この地には「入鹿の首塚」とよばれる南北朝期の五輪塔があり、二〇一

図15　法興寺西の庭跡

飛鳥寺の西にたつ入鹿首塚から山裾の飛鳥川にかけて，ゆるやかな傾斜の水田が広がっている．

○年三月の発掘調査では、南北七○メートル、東西三○メートル以上ともいわれる広大な石敷き跡が発見されている。

この法興寺西の槻の巨樹は、法興寺の出会い以降、『日本書紀』にたびたび登場している。のちに蘇我本宗家が滅亡したとき、新天皇や中大兄皇子以下、群臣らが誓盟を行なったのは、この大槻の下であった。また壬申の乱では、大友皇子を首班とする近江朝側が飛鳥寺西槻の下に軍営をはったとされている。当時、この付近には槻木とともに、須弥山像《しゅみせんぞう》や漏刻台《ろうこくだい》があり、蝦夷《えみし》や隼人《はやと》、多禰《たね》嶋《しま》（種子島）人などの蛮族を饗応《きょうおう》する服属儀礼の場として定着していた。

槻木とは、ケヤキの古名である。ケヤキは、樹齢も長く、高さ三〇メートル、径二メートルをこえる高くて太い幹をなし、四方に扇状に枝葉を広げる日本の代表的な落葉樹である。槻の巨樹は、しばしば神がやどる依り代とされ、聖樹としてあがめられていた。『万葉集』には「斎槻《いつき》」が聖地としてたびたびうたわれた。また寺社や郡家《ぐうけ》などの地方政庁や豪族の館の門前に大槻があったとする史料もいくつか確認できる。さらに、景行《けいこう》天皇の纒向日代宮《まきむくひしろのみや》や雄略《ゆうりやく》天皇の長谷朝倉宮《はつせのあさくらのみや》、斉明天皇の両槻宮《ふたつきのみや》など、宮殿にも槻木があったらしい。

法興寺の槻木が神木であったことは、『今昔物語集』巻一一の説話に書き残されている。推古天皇が元興寺（法興寺）の中金堂を建てようとしたが、予定地に大槻があったので伐採しようとすると担当者がたたりによって死亡した。ある雨の夜、僧が大槻に近づくと樹上から人声がして、「麻苧《あさお》の注連《しめ》を引きめぐらし、中臣祭文を読んで黒縄を懸けて伐ればいい」と聞こえたので、そのとおりにしたら切りたおすことができた。大槻を伐りたおすとき、大きな山鳥が五、六羽飛び立った。

これは、中国に起源をもち、列島各地に数多く残る伐採抵抗伝承のひとつである。山鳥＝精霊がやどる巨樹の伐採抵抗を、僧＝マージナル・マン（境界人）を介して克服し、伐採の達成と元興寺の建立＝自然への勝利をうたうという形式である。『続日本紀』に記された山城国葛野郡家《かどののぐうけ》の松尾《まつお》大神の槻木にも、ほぼ同様の逸話が残っている。

中世に入ってからも、槻の巨樹は説話のなかにしばしば登場している。一四世紀半ばにつくられた『峯相記《みねあいき》』には、播磨国住吉酒見《すみよしさかみ》大明神の縁起として、植えた苗が一夜にしてケヤキ林に変じたと伝えている。一五世紀末の奥書をもつ『槻峯寺建立修行縁起絵《つきみねでらこんりゆうしゆうぎようえんぎえ》巻《まき》』では、百済《くだら》の僧日羅《にちら》が槻の巨樹がそびえる霊地を発見し、摂津国能勢《のせ》郡剣尾《けんび》山頂に一寺を建立することを決意したという。ほぼ同じころにつくられた『広隆寺由来記《こうりゆうじゆらいき》』には、乙訓《おとくに》社の向日《むこう》明神が垂迹した槻木がにわかに枯れたので木枯《こがらし》明神と称してまつられたとされる。

鎌足と中大兄皇子が出会った蹴鞠会は、聖なる斎槻の巨樹がたつ聖域を舞台としていたのである。

天と地の間につり下げられている者

中世になると、法興寺蹴鞠説話は独自の展開をみせることになる。中世に書かれた史料を逐一ふり返りながら、靴脱げの瞬間に立ち会ってみることにしよう。

入鹿の謀略

最初にとり上げる『革匊要略集《まりようりやくしゆう》』は、弘安九年（一二八六）に書かれた蹴鞠の口伝書である。同書の「一、蹴鞠の起こりの事」には、蹴鞠が日本に伝来してまもない逸話として法興寺の出会いが紹介されている。ここでは、脱げおちた靴が入鹿によって蹴り捨てられ、中大兄皇子は右足を鎌足の肩にふみのせたことになっている。

また南北朝期成立の『神明鏡《しんめいきよう》』では、「中大兄皇子は御足を内側にぶらさげたまま柱の木にとりついた」と記されている。ふたつの史料ではいずれも、靴の脱げた中大兄皇子の足はふり上げられているのである。

なぜ脱げた片足は、ふり上げられていたのだろうか。永享九年（一四三七）の奥書をもつ『春夜神記《しゅんやしんき》』をみてみよう。

入鹿の臣は、中大兄を皇子の位から追い落として、自分が国位につこうとのぞんでいた。そこで皇子に土をふませるために、法興寺の槻樹のもとで蹴鞠会が行なわれたとき、皇子の右足の靴の緒をむすばずにおいた。そうしておけば、蹴鞠の最中に靴が脱げて、土をふむことになるという謀略であった。案の定、皇子の靴は脱げおち、入鹿によって二、三度までも蹴り上げられた。中大兄皇子が今しも土をふもうとするとき、鹿嶋の鏖取り男が走り出た。皇子の足は男の背中をふんだので、あやうく土をふまずにすますことができた。しばらくして、皇子はその男をよびだして、「わたしが落位せずにすんだのはひとえにあなたの恩によるものである。だからあなたをわたしに仕えるためにとりたてよう。近々出仕しなさい」と命じた。この男こそが中臣鎌子連であった。

ここでは、事件があらかじめ皇子の靴を結わずにおいた入鹿の陰謀であったと脚色されている。脱げおとした皇子の靴は、意地の悪い入鹿によってふたたび蹴り出されてしまう。なぜなら、中大兄皇子が土をふむことは、皇太子という「国位」から「落位」することを意味するからだというのだ。

さらに、永禄一三年（一五七〇）成立の『法華神道口決《ほっけしんとうくけつ》』になると、「靴が脱げて土をおふみになったならば、すなわち御位をお滑りになるという計略であった」と明記されている。皇位継承権剝奪の危機にたった中大兄皇子は、浮かした足を鎌足の背で受けとめられ、あやうく難をまぬがれたのである。

ここに靴脱げという謀略の意味が明らかになる。靴脱げは、単なる中大兄皇子の嘲笑されるべき失態ではない。皇子の足が土にふれることは落位の危機へと直結する過失と考えられたのである。

犯土。地に足をつけ、土にふれることのタブー。

跛行の神話として出発した法興寺蹴鞠説話は、犯土が王位継承権の喪失に直結するというタブーを背景に中世的変容をとげていた。鎌足が中大兄皇子を落位の危機から救い出すというストーリーに変換されたことで、説話はより劇的な主従の出会いのエピソードとして演出されていったのである。

中世の法興寺蹴鞠説話を特徴づけるのは、犯土の禁忌を背景にしている点にある。しかし、もちろん実際に天皇が土にふれたことによって退位に追い込まれた事例は一度たりとも存在しない。それでも、まったく根も葉もない話だったわけではない。犯土の禁忌は、現実とは別に、架空の説話や日本を訪れた西洋人たちの伝承のなかでひとりあるきをつづけていたようだ。ここでは、天皇が土にふれることの禁忌を説く史料を四点紹介しておこう。

犯土の禁忌

第一に、鎌倉末期成立の聖徳太子伝として知られる『聖法輪蔵《しょうほうりんぞう》』や醍醐寺本『聖徳太子伝記』に次のような逸話がもり込まれている。

聖徳太子が五歳のとき、敏達《びたつ》天皇の皇后を拝するために庭上に降り、はじめて地に足をつけたという。王位を備えた皇子は足を地につけてはならないという禁忌があったから、乳母は大いに嘆き悲しみ、太子の行く末について思い悩んでいた。すると、太子が次のようにいった。「どうしてわたしの深い心をかってに推しはかってなげくのか。わたしは民衆に恩恵をさずけるために、ようやくこの日本国の王宮に生まれたのだ。どうして小国辺土の王位をのぞむだろうか。人間の限りある栄華はゆめまぼろしの愉楽にすぎない。わたしが成人したのちには、関白となって意のままに進退を定め、一天四海の摂籙として思うままに王法のまつりごとをたすけるつもりである」と。

第二に、天保一四年（一八四三）一二月の序をもつ『三国名勝図絵』である。大隅国牛《うし》根《ね》にある居世《こせ》大明神の祭神は、空船にただよい来臨した子どもであった。その子は、幼いころ雪庭に降り立って犯土のタブーをやぶったことで都を追われた欽明天皇の第一皇子であったと言い伝えられている。

第三に、永禄八年（一五六五）二月、ポルトガル人宣教師ルイス・フロイスは、伝道のために日本を訪れ、日本の君臣の姿を書簡で次のように伝えた。「都に尊いこと、他に異なる君主がいる。日本人は、これを日本の頭とし、ほとんど神のごとく尊崇している。（中略）この君は大いなる威厳をもっているため、足を地についてはならない。もしこれをなせば追放されてしまう」。

第四に、ケンペル『日本誌』である。

神聖視されている天皇が自らの足を地面にふれることはその神聖と威厳を著しく損うことになるわけで、天皇はどこへ行くにも人の肩車にのせられて運ばれるのである。神聖な天皇は、直接外気にふれてはならぬと考えられている。太陽が天皇の顔を照すことはおそれ多いからだというのである。それだけではなく、天皇の身体の各部も神聖視され、頭髪は刈られないし、ひげは剃られず、爪は切られない。といっても、それらがのびて見っともなくなってはならないので、夜、御寝の間にきよめて差し上げる。このときからだから取られたものは、盗まれたものであり、天皇がそのような盗みにあったというのであれば、天皇の神聖と尊厳とが損われたことにならないというのが、日本人の論法なのである。

ドイツ人エンゲルベルト・ケンペルは、一七世紀末にオランダ東インド会社の医師として長崎出島に渡来した。ケンペルもまた、天皇の足が地にふれることのタブーをどこからか伝え聞いていたらしい。

以上の四点の史料をみてみるに、犯土の禁忌は、中世のはやい時期までにこうした説話や伝承の奥底に埋もれてしまったらしい。それでも、犯土のタブーはわずかにその名残をとどめている。ケンペルが述べたように、タブーを犯さないためには、肩車という一種特別な運搬方法が用いられることになっていた。今でも祭礼の稚児行列などでみかける肩車される子ども。祭礼における肩車の習俗は、もとをただせば犯土の禁忌に発するものといえるのかもしれない。

天と地の間

二〇世紀初頭、イギリスの社会人類学者ジェイムス・フレイザーは、その半生をついやして、王をめぐる神話や慣習、信仰について世界各地の膨大な事例を博捜して、全一三巻からなる研究書を完成させた。大作『金枝篇《きんしへん》』のなかで、フレイザーはこう結論づけている。王という存在は、その安穏を維持するために、天と地の間につり下げておくべきものと考えられていた、と。

聖なる王ないし祭司たちの生命を律する掟もしくはタブーのうち、ふたつに注目するのがよいだろう。わたしが読者の注意を促したい最初の掟は、聖なる人間は大地に足をふれてはならない、というものである。これは日本のミカドとメキシコのサポテク族の大神官が守った掟であった。（中略）ミカドの足が大地にふれることは、不面目きわまる零落であった。実際十六世紀には、それだけで十分廃位の理由となった。宮殿の外では男たちの背にのせて運ばれ、宮殿内ではみごとな刺繡のほどこされた敷物の上をあるいた。（中略）注目すべき第二の掟は、聖なる人物の上に太陽が降り注いではならないというものである。これも日本のミカドとメキシコのサポテク族の大神官が守った掟であった。（中略）日本人は、ミカドという「この聖なる人間を戸外の空気に曝すなどもってのほかであり、日の光はその頭に降り注ぐ価値などない」と考えた。

大地にふれてはならず、太陽を見てはならない王。なぜなら、王のもつ聖性が大地もしくは天空と接触することで、その超自然的な力を発揮することができなくなるという恐怖と懸念があるから、とフレイザーは説く。王の身体の安穏は社会秩序の安定であり、王の身体の異常は社会秩序の危機を意味するものと考えられていた。だから、「尊いものでありながらも危険なものであるその生命が、安全かつ無害でいられる場所というのは、天と地のいずれにもない。そこで可能なかぎり、そのふたつの中間につり下げておこう、と考えられるわけである」。

中世日本において、聖なる存在が天空や大地を忌避する因習はたしかに存在していた。天皇の身体は、天空や大地と直接に接触することを忌避されていたのである。

たとえば、日食や月蝕という妖光をさけて、天皇や将軍の御所を筵《むしろ》でつつむ作法が連綿とつづけられてきた。また天皇即位儀礼のひとつである剣璽渡御儀《けんじとぎょのぎ》では、天皇が徒歩であるく道に筵を敷くことが慣例とされていた。これらは、一一世紀ころからけがれに対する畏怖の観念が高まり、天皇の清浄を守る意識が顕在化してはじめられた慣習であったと考えられている。

また土用《どよう》の期間に、天皇や将軍、仏神像が動座することは忌避されていた。土用とは、陰陽五行説《いんようごぎょうせつ》にもとづき、立春・立夏・立秋・立冬の直前の各一八日間をさしていた。土用は、土公神《どくじん》が遊行《ゆぎょう》する土気のもっともさかんな期間とされ、葬送や住屋の建造・修理といった土木作業、田畠の開発や検注など、大地に人為的な改変を加えることが禁じられていたらしい。

一般に大地とは、万物が来たりて帰るところであり、万物の物質的根源であった。大地がふくむ土気は、万物をはぐくみ、地上に豊穣をもたらす育成作用と同時に、万物を土に帰す死滅作用という両義的なはたらきをもつといわれる。

中世日本にも、聖地信仰にもとづいた聖土の信仰や儀礼が存在した。他方、特定の墓所や聖廟では、大地がゆれ響く鳴動という怪異が、しばしば社会秩序の危機を知らせる信号を発していた。また人間の力のおよばない天然樹林のうっそうと生いしげった山地は、「黒山」とよばれ、この世とあの世をつなぐ境界であり、さまざまなタブーをともなう場であった。このような大地に人為的な改変を加えるためには、地の神（地天・土公神）を鎮めることが不可欠であった。また中世社会において、開発とは土地に対する生命の付与としての「地発《じおこし》」とよばれ、徳政は土地に対する生命の復活・再生と考えられていた。

むき出しの自然であり、他界の入り口である大地との接触は、天空における日食・月蝕の妖光と同様に、天皇の安全を脅かすものであった。中世日本の王とは、きわめて身体的なものであった。

しかし、犯土の禁忌を主題とする中世説話の言説は、近世にはひきつがれない。

理想の君臣像

主従をつなぐ足

林羅山《はやしらざん》の『本朝通鑑《ほんちょうつがん》』や徳川光圀《とくがわみつくに》の『大日本史』といった一七世紀の代表的な歴史書では、『日本書紀』の表現に逆もどりしている。近世になると、主従の魚水の交わりばかりが強調されるようになるようだ。それは、おそらく忠孝を重んじる儒教的道徳観とも合致し、武士をはじめとする封建制的な主従関係のなかで再解釈されていったのであろう。中大兄皇子と鎌足を正義に、入鹿を悪とする勧善懲悪の美談は、幸若舞曲『入鹿』や人形浄瑠璃《じょうるり》『妹背山女庭訓《いもせやまおんなていきん》』をへて、先に紹介した国定教科書にまでひき継がれていったのである。

どうやら靴を媒介とした主従の物語は、近世人たちには受け入れやすいものであったようだ。というのも、もうひとつよく知られた物語を紹介しておこう。

しんしんと雪の降りつもるある寒い夜のこと。織田信長が草履に足を入れてみると、なんだか奇妙にあたたかい。信長は怒髪天をつくほどにおこって、草履取りの木下藤吉郎を杖で打ちすえながら問いただした。「主人の草履を尻の下に敷いていたとは不届き者め」。「いえいえ滅相もございません。わたしはけっして腰かけてなどおりません」と藤吉郎は答えた。「いつわりをいうやつじゃ。成敗してくれよう」とつめよる信長に、藤吉郎は次のように弁解した。「わたしはけっして草履にすわってはおりません。この寒空ですから、ご主人様が冷たい思いをなさらないようように、ふところに入れてあたためていたのでございます。その証拠に」といって、着物の襟を開いてみると、はたして藤吉郎の胸は泥でよごれていた。これには信長も藤吉郎の忠義の心に感じ入って、草履取り頭にとりたてることにした。

よく知られた木下藤吉郎秀吉の出世譚。この草履をめぐる美談もまた史実ではなく、まったくのフィクションである。この話は、寛政九年（一七九七）から刊行された『絵本太《えほんたい》

図16　『絵本太閤記』初篇巻之二

雪のつもる寒い日，小袖に褌姿の藤吉郎秀吉が信長の草履をかかえて玄関にかけよる．

閤記《こうき》』にはじめて登場し、一九世紀以降に急速に普及していった物語であった。だから、それ以前に書かれた『川角《かわすみ》太閤記』や『甫庵《ほあん》太閤記』にはいっさい書かれていない。

しかも、この逸話は、もともと秀吉の話でさえなかったらしい。江戸幕府三代将軍徳川家光とその側近で、のちに大老にまでのぼりつめることになる酒井《さかい》忠勝《ただかつ》との物語が先に流布していたようなのだ。よなよな男色にふける家光の帰りを、忠勝が草履をあたためて待ちうけ、諫止《かんし》したという。

草履取り伝承は、武士社会のある

べき君臣の姿を物語る美談で、のちに不世出の英雄豊臣秀吉の人気を脚色するためにつけ加えられたものと考えられる。それは、その後も近代国民国家・天皇制のもとで忠君愛国の士が天皇に仕える臣下の理想像としてこのんで語られていたようだ。

さらに、この話、家光の美少年好みに端を発していて、実は家光と忠勝のただならぬ男色関係をあらわすエピソードでもあったらしい。たしかに、臣下とはいえ、同性が肌であたためていた靴が生あたたかかったら、なんとも奇妙な気分になるにちがいない。靴や足をめぐる逸話は、むつみあう主従の親密な関係をしめすエロチックな物語として、広く人びとに知られた故事になっていたらしい。

この世かぎりの「一世の契り」が親子、「二世の契り」が夫婦であるのに対して、「三世の契り」といわれた主従関係は、中近世社会でもっとも重要視された人的つながりであった。「忠」の感情は「恋」の気分と不可分な関係にあったともいわれている。主従の間になす究極のきずなとは、男どうしの肉体的なつながりであったのかもしれない。

そもそも足は、ヒトのからだのなかで最下部の末端に位置して、唯一大地と接するよごれた部位である。またヒトが直立するための土台であり、歩行移動するための手段でもある。「足をすくわれる」とか、「足がふらつく」とか、「足を洗う」、「足蹴《あしげ》にする」、「足を

図17　『春日権現験記絵』巻17（宮内庁三の丸尚蔵館所蔵）

向けて寝られない」といった慣用句は、足がヒトの基礎をなす身体部位であることをよくしめしている。さらに、中世日本において「蹴殺す」や「蹴裂く」といった言葉は、しばしば神や超自然物が人にたたったり、落雷のような害をおよぼす行為として使用されていた。足で「蹴る」ことは、神罰を与えることであった。だから、足への奉仕は、従属関係を可視的に表現するかっこうのツールとなる。

一四世紀初頭につくられた『春日権現験記絵』巻一七には、春日大明神が憑依した橘氏《たちばなのうじの》女《によ》という女房の右足の親指を舐《ねぶ》る在俗の女性の姿が描かれている。建仁二年（一二〇二）、橘氏女のからだから異香が匂い、その手足を舐ってみると甘葛《あまかづら》のように甘く、たちどころに病を癒したという。

「大指」とよばれていた親指の爪先は、霊的なものの出入り口であると信じられてきた。夜に爪を切ってはいけないとか、霊柩車をみたら親指をかくす迷信などは、その独特な身体感覚に発している。それはそれとして、ここでは足を舐っていることに注目してみよう。詞書では「手足を舐る」とされているのに、神となった氏女を盲信する信者たちは、やはり足に奉仕する姿で絵画化されていたのである。

描かれた君臣

ところで、法興寺の出会いは、たびたび絵画化されてきた。なかでももっとも古いのは、室町時代に制作された談山神社所蔵『多武峯縁起絵巻』巻上の一場面である。『多武峯縁起絵巻』は、藤原鎌足の生涯と多武峯の創建を描いた絵巻物である。絵縁起は、文明年間（一四六九〜八七）に一条兼良《かねよし》と土佐光信《とさみつのぶ》によってつくられた。

『多武峯縁起絵巻』は、一六世紀以降にたびたび天皇による叡覧がなされ、しだいにその存在が世に知られるようになっていった。宮内庁三の丸尚蔵館所蔵「法興寺蹴鞠図」は、今でこそ懸幅装だが、もともと室町時代につくられた大幅の屏風絵であった。『多武峯縁起絵巻』と構図や色紙形をほぼ同じくすることから、天皇の命によってこの場面だけが模

図18　「法興寺蹴鞠図」（宮内庁三の丸尚蔵館所蔵）

写され、独立して流布していったものと考えられる。明和五年（一七六八）に『多武峯縁起絵巻』を叡覧した後桜町天皇は、絵巻に描かれた天智天皇と鎌足の「君臣二道の瑞源」にことのほか感動したという。当時すでに君臣の理想を描いた絵画として評価されていたことがわかる。

明治一九年（一八八六）、小学校令によって教科書検定制度が確立すると、歴史教科書には「明君・良相・英将・賢婦・碩学・高僧ノ美行・善言ハ便宜ニ之ヲ挿入」する指針がうちだされた。尊王・忠君や愛国の精神を歴史教育の主目的とする挿絵が、多くの教科書や概説書に積極的に採用されるようになったのである。法興寺蹴鞠説話は、大化改新を遂行する明君と賢臣との出会いにまつわる美談としてとり上げられ、明治二〇年（一八八七）ころから敗戦まで、ほぼかならず歴史教科書の挿絵に登場していた。法興寺の出会いは、こうした国定教科書を通じて人びとに広く知られるようになっていったと考えられる。

近代以降に法興寺の出会いを描いた代表的な絵画に、伊勢神宮国史絵画館所蔵の小泉《こいずみ》勝爾《かつじ》筆「中大兄皇子と中臣鎌足」がある。昭和八年（一九三三）一二月、皇太子（天皇明仁）誕生に際して、東京府は記念事業として少国民精神修養道場「養正館《ようせいかん》」の設立を企画した。これは、「国史を通じて健全なる国民精神を涵養する」ために、養正館に飾られた大幅の壁画「国史絵画」のひとつであった。全七七点の「国史絵画」が、五五人の画家たちによって約一〇年をかけて制作され、昭和一七年（一九四二）に完成した。

また霞会館京都支所所蔵の原在寛《はらざいかん》筆「中大兄皇子蹴鞠の図」がある。明治三六年（一九〇三）、明治天皇の命により、華族会館京都分館会員を中心に蹴鞠保存会が設立された。日清戦争のとき、広島大本営で京都にいたかつての公家たちが明治天皇に蹴鞠を披露したことがきっかけであった。ちなみに、日露戦争の時には長春閣旧蔵「藤原鎌足像」が叡覧されている。鎌足と中大兄皇子のエピソードは、国威発揚にはかっこうの題材だったのか

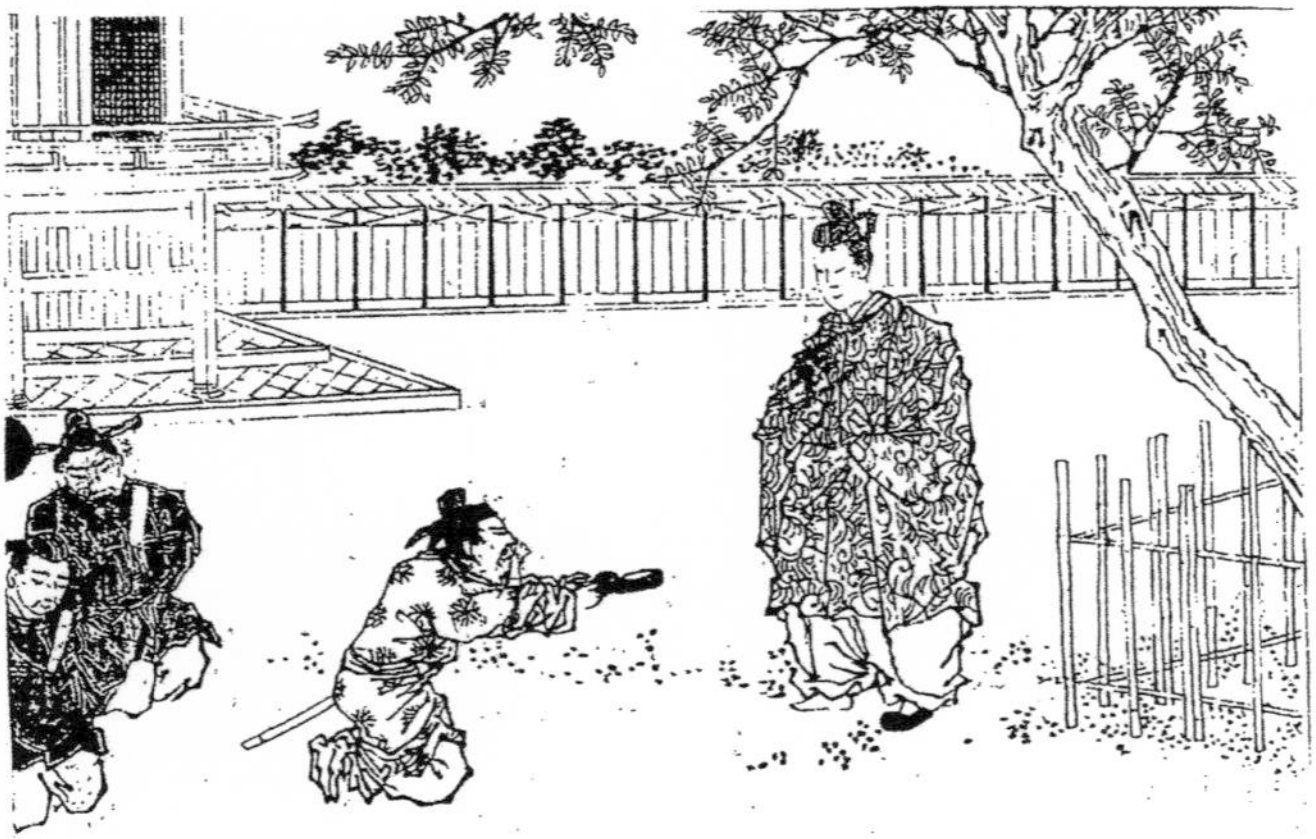

岡本監輔編『国史紀要』巻上　成美堂出版　1885年

中大兄皇子等法興寺に蹴鞠し給ふ

『高等小学歴史』壱　大日本図書株式会社　1891年

図19　国定教科書に描かれた法興寺蹴鞠

『新撰帝国史談』前編巻一　学海指針社　1892年

中臣鎌足御靴をさゝぐ

『尋常小学日本歴史』一　日本書籍株式会社　1911年

図20　「中大兄皇子と中臣鎌足」(神宮徴古館所蔵)

もしれない。原在寛は、昭和一三年(一九三八)から昭和二二年(一九四七)まで保存会会員に名を連ねていたことが確認できる。この間に、日本における蹴鞠発祥の記念碑的絵画として制作されたのであろう。

壁画の大作から教科書の挿絵まで。どうやら法興寺蹴鞠図は、天皇家の輝かしい歴史の一頁としてもてはやされていたようである。そこに描かれたのは、大化改新の功労者で、魚水の交わりをもつ理想的な君臣の姿であった。かつての理想の君臣を顕彰し、近代天皇制のもとで臣下たる国民のあるべき姿をしめす。法興寺蹴鞠図は、近代天皇制イデオロギーの一翼をになっていたのである。

これらの現存する法興寺蹴鞠図をよくみてみると、中大兄皇子の図像によって大きくふたつの系統に分類できる。

ひとつは、中大兄皇子が靴の脱げた右足を上げて立ちつくしている。場面は、ななめ上方からやや引き気味に法興寺門前における蹴鞠会の全景を見下ろす構図で描かれている。門前に細い一本の槻木があり、五、六人の人物が蹴鞠の輪をつくっている。画面中央の緑色の衣を着した中大兄皇子は、靴の脱げた右足を上げて立っている。対面する黒袍の鎌足がおちた靴を見つめ、その周囲で豪族たちがことのなりゆきを見守っている。

もうひとつは、皇子が靴の脱げた右足を立てた立膝姿で、ひざまずいてささげる鎌足から靴をうけとろうとしている。背景は斎槻など最小限の描写にとどめられ、中大兄皇子と鎌足のふたりの姿がクローズアップされている。長いあごひげをたくわえた壮年の鎌足と、若い無髭の青年姿の中大兄皇子の表情までを詳細に描いている。

二種の図像のうち、中世以来、描き継がれてきたのは、前者の図像群であった。これに対して、明治二〇年代以降に教科書の挿絵に採用されてきた図像は、圧倒的に後者のタイプが多い。皇子の前でひざまずき、靴を高くささげもつ鎌足の姿が、天皇の臣下としてあるべき姿をもっとも端的に表現した図像であったからにほかなるまい。そこに描かれた中大兄皇子は、立膝姿で靴の脱げた片足で地をふんでいる。もはや犯土の禁忌は遠く忘れ去られ、臣下に礼をつくす賢明な君主像が強調されているばかりである。

足から手へ

一八世紀の頼山陽《らいさんよう》『日本楽府《がふ》』には、「大兄靴」と題する漢詩が収録されている。「君が足一たび踢て妖鹿を斃し、臣が手再び扶桑の木を植ふ」。中大兄皇子の足が蘇我入鹿を蹴倒し、鎌足の手が日本という樹を植え育てた。皇子の足と鎌足の手とが対比されているわけである。同様に、「鹿を繫手立鞠から足か付き」(『新編五百題』)のような川柳も、「手立て」と「足がつく」の慣用句を絶妙に対比させたものといえるだろう。

足をめぐる物語は、一八世紀ころから、手との対比をはらんで語り継がれていったように思われる。そこで最後に、法興寺蹴鞠説話のあたらしい展開を紹介しておこう。

戦後、石ノ森章太郎『マンガ日本の歴史』をはじめ、子ども向けの歴史漫画が数多くつくられてきた。これらの大化改新を描く段では、ほぼかならず法興寺の蹴鞠の出会いが描かれてきた。

図21　石ノ森章太郎作『マンガ日本の歴史５』の場面
（画：石ノ森章太郎，原案：義江彰夫，シナリオ：南部英夫，中央公論新社刊）

図22　シュガー佐藤作『週刊マンガ日本史　3　中大兄皇子』の場面
（©2010　シュガー佐藤／朝日新聞出版）

ところが、最近、朝日新聞出版社から刊行された『週刊マンガ日本史』には、法興寺の出会いが描かれない。このシリーズは、一冊ごとにひとりの人物をとり上げ、人気漫画家が短い紙数でその半生を切りとる企画。その三冊目として刊行された『中大兄皇子』は、シュガー佐藤による斬新なストーリーで構成されている。

この作品は、大極殿の入鹿暗殺のシーンで幕をあける。みずから剣をにぎって一の太刀をあびせ、入鹿暗殺に手を染めた皇子は、血に染まった自分の手をみて、「この血の色を忘れまいぞ。この血の中からあらたな国が産声を上げるのだ」と言い聞かせる。こののち、改革を断行する青年政治家中大兄皇子の半生が描かれてゆく。

ラストシーンでは、主人公中大兄皇子に「多くの血にけがれすぎたこの手は既に人の手ではない。鬼の手だ。入鹿を殺めたあの日から……」と語らせている。その手を握りしめ、しっかとはげます鎌足との主従の強いきずながエンディングで描かれている。よくよくみれば、このラストシーン、法興寺の出会いの場面に瓜ふたつではないか。

いやいや。これは似て非なる図像なのだ。ここでは中大兄皇子と中臣鎌足という主従の関係は、手を介したものにおきかえられている。〈片足の王の物語〉は、完全に失われてしまっている。むしろ手を主題とした物語におきかえてしまったために、法興寺の出会いを描く必要がなくなってしまったのだろう。その是非はともあれ、おもしろい改変である。

改新

勝軍地蔵の鎌

鎌に斬られた首

入鹿誅殺

法興寺《ほうこうじ》の出会いから一年あまりの歳月がながれ、皇極天皇三年（六四五）六月一二日を迎える。この日、飛鳥板蓋宮《あすかいたぶきのみや》では、高句麗《こうくり》・新羅《しらぎ》・百済《くだら》の三韓から進貢の使者を迎えていた。この三韓上表の儀式において、蘇我本宗家滅亡へのクーデターの幕が切っておとされる。世にいう乙巳《いっし》の変である。『日本書紀』から引用してみよう。

一二日、天皇は大極殿《おおあんどの》におでましになった。中臣鎌子連は、蘇我入鹿臣が疑り深い性格で、昼夜に剣を手放さないでいるのを知って、俳優《わざおぎ》を使って滑稽なしぐさをしてたのしませた挙げ句、だましてその剣をはずさせようとした。入鹿は笑って剣をはずし、大臣の座についた。

蘇我倉山田石川麻呂《くらやまだのいしかわまろ》臣が玉座の前にすすみ出て、三韓の上表文を読み上げはじめた。この間、中大兄皇子は皇居警備の兵士たちに命じて一二ある門をすべて封鎖して往来を禁じ、みずからは長槍をとって大極殿のかたわらにひそんだ。中臣鎌子連たちは弓矢をもってこれを護衛した。二ふりの剣を佐伯連《さえきのむらじ》子麻呂《こまろ》と葛城稚犬養連《かずらきのわかいぬかいのむらじ》網田《あみた》にさずけ、「ゆめゆめ油断なく、不意をついて斬り殺せ」と命じた。子麻呂は水で飯を流し込んだが、恐怖のあまり嘔吐した。中臣鎌子連はしきりに大声ではげました。

御前では、倉山田石川麻呂が今にも上表文を読みおえようとしていた。けれども、子麻呂らは出てこない。山田麻呂は不安になり、全身汗みずくになって声は乱れ、手はふるえおののいた。それをみた入鹿は不審に思って、「どうしてふるえているのか」とたずねたが、山田麻呂は「天皇のおそば近くにいることがおそれ多く、不覚にも汗がながれたのです」と答えた。

中大兄皇子は、子麻呂らが入鹿の威勢に萎縮してすすみ出ないのをみて、「やあ」と雄叫びをあげておどり出た。子麻呂らがこれにつきしたがった。一瞬の閃光がきらめいて、剣が入鹿の頭と肩を血に染めた。入鹿はおどろいて立ちあがった。子麻呂は

図23　『多武峯縁起絵巻』（談山神社所蔵）

手で剣をふりまわして入鹿の片足を斬った。入鹿はころがりながら玉座までたどりつき、叩頭して「皇位に座す天の御子さま、わたしに何の罪がありましょうか。どうかお調べください」とさけんだ。皇極天皇はたいそうおどろかれ、中大兄皇子に「なぜこんなことをするのか。いったい何ごとがあったのか」とおたずねになった。中大兄皇子は平伏して、「入鹿は天皇家をことごとく滅ぼして皇位をかたむけようとしています。どうして天孫を入鹿にかえられましょう」と申し上げた。天皇はだまったまま席を立って殿中にお入りになった。佐伯連子麻呂と葛城稚犬養連網田が入鹿にとどめを刺した。

この日、雨が降り、あふれた水で庭は水びたしになった。敷物や障子で入鹿の屍《しかばね》をおおったが、そこからながれる水が血に染まっていた。

史上空前の暗殺劇。その緊迫感をあますところなく伝えるドラマチックな叙述である。ところが、このクーデターにあたって、藤原鎌足は入鹿の剣をはずさせ、大極殿の片隅で弓矢をもってひかえ、子麻呂らを叱咤《しった》するだけである。彼は、直接入鹿に手をかけることはなく、この大事な局面で端役《はやく》に甘んじているではないか。

でも、ご心配なく。後世の記録になると、鎌足はちゃんと暗殺の先陣的役割をはたすようになる。

たとえば、一二世紀の『今昔物語集』をみてみると、鎌足はまっ先に大刀をぬいて、入鹿の肩に一撃をくらわせたことになっている。それから中大兄皇子が、逃げまどう入鹿の首をうち落とした。その首は皇極天皇のいる高御座《たかみくら》の下まで飛んだという。

さらに、元亨四年（一三二四）の奥書をもつ『聖徳太子絵伝』堂本家本をみてみよう。中大兄皇子と鎌足は謀略をめぐらし、鎌足がもっていた鎌で入鹿の首を斬った。入鹿の首は飛びあがって、御簾《みす》の端にくらいつこうとした。残った入鹿のからだは、首のないまま腰の刀をひき抜いたが、すぐに動かなくなった。まことに豪の者であることよ。

ここでは、入鹿誅殺の主人公は、鎌足その人である。しかも、入鹿殺害の武器となったのは、あの白狐からさずかった鎌であった。加えて、そこには首だけになっても御簾に嚙みつこうとするすさまじいまでの入鹿の妄念が描き出されていたのである。

飛びあがる首——クビとカラダの日本史　その1

飛びあがる入鹿の首。日本には、こうした首の妄執を伝える物語は多い。

すぐに想起されるのが、お伽草子『酒呑童子《しゅてんどうじ》』だろう。よなよな京中を荒らしまわっていた丹波国大江山に棲む酒呑童子が、源頼光《みなもとのらいこう》や渡辺綱《つな》一行によって退治される物語。山伏に身をやつして大江山にのりこんだ頼光たちが太刀をあびせると、掻き斬られた酒呑童子の首は、巨体を残して天高く舞い上がった。童子の首は、頼光をめがけてねらってきたが、星兜に嚙みついただけで、頼光の身に別状はなかったという。また岩瀬文庫所蔵の奈良絵本『岩竹』でも、はさみをふりたてて応戦する化け蟹の首がうちおとされ、飛びあがった首が兜にむずとかじりついたとされている。

さらに、『太平記』巻一六によれば、平将門の首は獄門《ごくもん》にかけてさらされたが、三ヵ月たっても変色することなく、胴体をさがしもとめて眼をふさぐことがなかったという。通りすがりの者が、「将門は米かみよりぞ斬られける俵藤太が謀《はかりごと》にて」と詠むと、将門の首はからからと笑って、たちまち眼はふさがり、干からびてしまったという。将門の死因となったこめかみの矢傷と、討ちとった藤原秀郷の異称俵藤太をかけた巧妙な和歌に、さしもの首も年貢を納めたというわけだ。

図24　『酒呑童子絵巻』（サントリー美術館所蔵）

斬られた首のもつ霊力は絶大だ。古来、合戦で敗れた敵将は搔き首か斬首となり、大路渡しをへて都の西獄門前の棟《あうち》の木に懸けられた。それは、「軍神《いくさがみ》に血祭りにする」といわれたように、軍神に対して戦勝を報賽《ほうさい》する生贄であったと推測されている。また首のとりあつかいは要注意であった。戦国時代につくられた『武者物語』によれば、首実検のときには、敵に向かう心持ちで首の右方へ顔をそばむけ、左の目尻でただひとめだけみることとされていた。とりわけ左目の力は強いとされていたらしい。

人だけではない。特に犬の首には、その霊力を伝えるさまざまな説話や習俗が残っている。「犬神」は、土中に埋めた飢えた犬に食物をみせて首をうち落とし、焼いた灰を辻に埋めて人にふませた灰をもちいた妖術といわれる。現在も四国・中国西部・九州東部に分布しており、こうした犬の霊が人にとり憑くという考え方は古くて根深い。横溝正史の『犬神家の人々』でも、犬神一族の連続殺人のなかで次男佐武の首が登場している。

一五世紀前半につくられた『三国伝記《さんごくでんき》』巻二には、近江国犬上明神社《いぬがみみようじんしや》（現大瀧《おおたき》神社）の由来が述べられている。昔、大きなうろのある朽木の下で野宿していた猟師は、かわいがっていた犬がしきりに吠えかかるのに腹を立てて、犬の首をうち落とした。犬の首は飛びあがり、朽木の上で口をあけて今にも猟師を呑みこもうとしていた大蛇にかじりついてくい殺した。猟師はおどろき悲しんで、自分を救ってくれた犬を神としてまつったという。

こうした犬の首をめぐる物語は、忠犬伝承とあいまって日本各地に広く伝播している。たとえば、『今昔物語集』巻二八の陸奥国の山犬や、播磨国粟賀《あわが》の犬寺《いぬでら》縁起、三河国上和《かみわ》田犬頭《だけんとう》神社の縁起などなど。宮崎駿の映画『もののけ姫』で、山犬のモロの首が大活躍していたことを思い出す人も多いだろう。

人びとは、死してなお生きつづける首に、大きな霊力を感じとっていたのである。

鎌の霊力

蘇我入鹿は首ひとつになっても霊力をもつほどに強欲の男であった。その入鹿の首を斬ったのは、鎌足が白狐からさずけられた鎌であった。鎌とはなんだろうか。

鎌とは、草や柴を刈るための三日月形の刃に柄をつけた道具である。けれども、単なる農具と思うなかれ。鎌は、人を殺傷する武器であると同時に、邪悪なものをはらいのける辟邪《へきじや》の呪具であった。そのもとをたどれば、中臣祓《なかとみのはらえ》の詞章にさかのぼる。

古代以来、万民の罪やけがれを祓いのぞき、清浄にするための「大祓《おおはらえ》」とよばれる神道儀礼がつづけられてきた。やがて毎年六月と一二月に朝廷で行なわれていた公的な大祓とは別に、私的な祓えの儀礼がさかんに行なわれるようになっていった。これを「中臣祓」という。その一節を読み下し文にして紹介しておこう。

皇御孫の命の朝廷《みかど》を始めて、天の下四方の国には、罪と云う罪はあらじと、科戸《しなど》の風の天の八重雲を吹き放つ事の如く、朝の御霧夕の御霧を、朝風夕風の吹き掃ふ事の如く、大津辺にいる大船を、舳《へ》解き放ち艫《とも》解き放ちて、大海原に押し放つ事の如く、彼方《をちかた》の繁木が本を、焼鎌の敏鎌以ちて打掃ふ事の如く、遺る罪は在らじと祓へ賜ひ清め賜ふ事を、高山短山の末よりさくなだりに落ちたぎつ、速川の瀬に座す瀬織津比咩《せおりつひめ》と云ふ神、大海原に持ち出でなむ、

風が幾重にもかさなった雲をはらうように、朝風が朝霧を、夕風が夕霧を吹きはらうように、舳・艫を解き放って大船を大海原に押し放つように、そしてまっ赤に焼けた鋭利な

鎌で繁樹を薙《な》ぎはらうように。罪という罪を根こそぎはらう力強い絶妙の韻律。その呪術的直喩によって、あらゆる罪は国土の外である大海原にもちだされ、八尋の海底にある根の国へと追放される。

こうした辟邪としての鎌のイメージは、その後もしばしば引用されている。たとえば、一三世紀後半に書かれた『阿娑縛抄《あさばしょう》』では、唐にいた吉備真備《きびのまきび》がひそかに夜行《やぎょう》していたとき、中臣祓を読誦したらたくさんの焼鎌が宙を飛びかって、まわりの鬼たちを退散させたと記されている。『梁塵秘抄《りようじんひしょう》』でも、「清太（平清盛）がつくった刈鎌は、どうやって研いだのだろう。焼いたのだろう。捨てたくなるほど切れ味がにぶい」とさびついた平家の武力が揶揄されている。

また鎌倉時代ころまで、藤原氏には氏長者のあかしとして四つの宝器が伝えられていた。氏長者の宝器とは、長者印と朱器台盤（朱塗りの什器）と殿下渡領《でんかわたりりょう》の荘券、そして「蔚斤《まぐさ》の鎖鎌《くさりがま》（蔚権衡）」であった。蔚斤の鎖鎌とは、藤氏長者の御厩《みまや》の秣を計量・管理するための秤であった。御厩が軍馬を養う場ともなり、「鎖鎌」が武器に転用されうるように、計量器としての蔚斤の鎖鎌は、藤原氏にとっての辟邪の役割をになっていたと考えられている。ただし、氏長者の宝器は鎌倉時代末までには散逸して、その存在すら忘れ去られてゆく。かわって登場する鎌足の鎌は、いわば失われた蒭斤の鎖鎌を表象するものであったともいえそうだ。

　さらに、鎌をめぐる習俗を広くみわたしてみると、さまざまな神事や民俗行事をみることができる。中世から近世前期の山村では、「鎌取り」とよばれる道具差しおさえ慣行がみられ、鎌とは百姓の身分と山野領有権の標識であったと考えられている。現在でも、石川県鹿島町鎌宮諏訪神社の鎌舞神事は、祭神の建御名方命《たけみなかたのみこと》が弥柄鎌《やつえがま》をふるって怪鳥を退治した故事にならって、鎌を神木に打ちつける。長野県諏訪《すわ》大社でも、七年に一度の御柱《おんばしら》祭《さい》の用材に選定された立木に薙鎌《なぎがま》をうちこむ神事がある。京都周辺の村々では旧暦八月に鎌注連立の風習があったし、子どもが夜泣きをしたら鎌を家の前庭から屋根をこえて投げ上げる作法も各地にみられた。

勝軍地蔵の鎌

　辟邪の呪具としての鎌は、さらなるイメージの翼を広げてゆく。なかでも特に注目したいのは、入鹿の首を斬った鎌足の鎌が、中世に入ると、勝軍地蔵《しょうぐんじぞう》の持物とされるようになる点である。そのとき藤原鎌足は勝軍地蔵の変化身となった。南北朝期に良助《りょうじょ》法親王が執筆したと伝えられる『與願金剛地蔵菩薩秘記《よがんこんごうじぞうぼさつひき》』という史料をみてみることにしよう。

蓮華《れんげ》三昧《ざんまい》経《きょう》大勝《たいしょう》金剛《こんごう》秘密《ひみつ》三昧品《ざんまいぼん》は、以下のようにいっている。Ⓐ勝軍地蔵とは、首に冑《かぶと》をいただき、身に鎧《よろい》を着し、鎌を帯びて、太刀をはき、弓箭《きゅうせん》を負い、左手に幡《はた》をもち、右手に剣をとる。いくさにのぞんで向かうところ敵なし。たとえて秋草が風になびくようなものだ。（中略）そればかりではなく、Ⓑ大日本国の執政である天津《あまつ》児屋根尊《こやねのみこと》は勝軍地蔵の変化で、大織冠藤原鎌足大臣《おとど》は勝軍地蔵が垂跡《すいじゃく》したものだそうな。Ⓒだから、鎌足大臣が誕生したとき、キツネが鎌をふくんで枕元にやってきた。キツネというのは鹿島大明神の変化で、鎌というのは大織冠の先祖である天津児屋根尊の鎌だということだ。この鎌は、勝軍地蔵の三昧耶形《さんまやぎょう》（勝軍地蔵という仏さまであるあかしとなる持物）でもある。Ⓓ鎌足大臣は三代の天皇の執政であった。この世の安寧と危機を気にかけて、大臣はもっていた鎌を地に埋め、その場所を鎌倉と名づけた。鎌倉の武威はかなたまで広がっている。この日本を守っているのは、鎌足大臣の威光であり、大臣の鎌の威光であり、勝軍地蔵の威光でもあるわけだ。

まずⒶでは、勝軍地蔵について記した儀軌《ぎき》『蓮華三昧経』を引用して、その像容が腰に鎌を帯びる姿であったと伝えている。Ⓒでは、この鎌が鹿島大明神の変化身であるキツネが鎌足の枕辺にもってきたものであったという「摂籙の縁起」が紹介されている。だから、それは天津児屋根命の鎌であり、勝軍地蔵の持物であると説かれる。この鎌こそが、入鹿を斬首した鎌足の武器でもあった。さらに、その鎌を武家の都鎌倉の地に埋めたとするⒹの鎌埋め説話をもって、勝軍地蔵があまねく日本中を警固すると記している。ゆえに、Ⓑでは、天津児屋根命は勝軍地蔵の変化身であり、鎌足は勝軍地蔵の垂迹であるというのだ。

藤原鎌足の武威は、鎌足が入鹿誅殺にもちいた鎌の霊力を介して、軍神《いくさがみ》たる勝軍地蔵の霊威として語られるようになっていたのである。

日本前近代社会において、祈禱という行為は神仏の戦争であった。神仏は仏法によって正当化された武をふるい、平和と安穏を創造するものとされた。寺社のみならず、天皇や公家、武家といった諸権門は、それぞれの神仏をかかげて戦争をくりかえしていた。たとえば、一三世紀後半の蒙古《もうこ》襲来《しゅうらい》という未曾有の対外危機は、全国社寺一斉の異国調伏《いこくちょうぶく》祈《き》禱《とう》という空前絶後の神仏の総力戦であった。有史以来、絶えることない戦争のなかで、神仏の戦争は、それまでの世界の層序を大きく塗りかえてゆくひとつの駆動力となった。こうした戦う神仏のひとつとして登場したのが勝軍地蔵であった。

勝軍地蔵。それは、一三・一四世紀の日本社会が生み出したもっとも典型的な軍神《いくさがみ》であった。この他国に例をみない和製の地蔵菩薩は、一三世紀前半の京都にはじめてその姿をあらわす。南北朝期に入ると室町幕府の周辺で崇敬をあつめ、戦国大名の間でも急速に広まり、徳川幕府にいたる中近世武家政権のなかに脈々と生きつづけた。加えて、近世には、愛宕《あたご》信仰とむすびついて防火神・塞神《さえのかみ》として信仰の裾野を広げてゆく。さらに、近代戦争において戦勝の神として再浮上をはたし、国民国家の形成に少なからぬ影響をおよぼしていったと考えられる。

図25　長谷川等伯筆「勝軍地蔵像」
（石川県七尾美術館所蔵）
馬上で甲冑に身をかためた地蔵が右手に鎌槍をとる.

勝軍地蔵の誕生から今にいたる八〇〇年あまりの歴史については、別の本でくわしく論じてみたいと思っている。ここでは、鎌倉の地名由来説を記すⒹを手がかりに、鎌倉や常陸を中心とする東国社会における鎌足の歴史的イメージについて考えてみることにしよう。

東路のはての鎌足

武家の都鎌倉

鎌倉。三浦半島のつけ根に位置し、三方を山に囲まれ、南を相模湾に面した天然の要害。一二世紀末に源頼朝が根拠をかまえたこの土地は、武家の都として日本史上きわめて重要な役割をはたしてきた。

この鎌倉という地名は、かつて蘇我入鹿討滅の宿願をはたした藤原鎌足が、常陸国鹿島社に参詣する道中で夢のお告げをうけてもっていた鎌を埋めたことに由来するという。

この鎌倉の地名由来説＝鎌埋め説話は、近世の地誌にかならずといっていいほどに登場するよく知られた伝承であった。たとえば、延宝八年（一六八〇）の『鎌倉紀』から天保一二年（一八四二）の『新編相模国風土記稿』まで枚挙に暇がない。中世でも、永享九年

（一四三七）の『春夜神記《しゆんやしんき》』や文明一九年（一四八七）の『北国紀行』、永禄一三年（一五七〇）の『法華神道秘決《ほつけしんとうひけつ》』などがある。それらは微妙な異同をはらみながらも、中世の人びとの間にたしかに記憶されていた地名伝承であった。

貞治五年（一三六六）、由阿《ゆうあ》という僧が万葉集の注釈書『詞林采葉抄《しりんさいようしよう》』を編纂した。同書「鎌倉山」の段では、①藤原鎌足の鎌埋め説話にはじまり、②鎌足から五代目の子孫で、東大寺良弁《ろうべん》の父とされる染屋太郎大夫時忠《そめやたろうだゆうときただ》の鎌倉入部、③平貞盛《さだもり》孫である平直方《なおかた》の鎌倉居住、④直方の婿となった源頼義《よりよし》が相模守として鎌倉へ下向し、八幡太郎義家《よしいえ》の誕生をみて、⑤治承五年（一一八一）に源頼朝が鎌倉鶴岡に本拠をかまえるまでの経緯が述べられている。源頼朝にはじまる鎌倉の草創の歴史を、さらに藤原鎌足までさかのぼらせて、鎌倉の主となってきた将軍たちの歴史につなげている。

また同書では、「鎌倉」の地名を「鎌」と「倉」の漢字を分解して、「金を兼」ねる「君人」と解釈している。「鎌倉」が甲冑を着した君主＝「鎌倉殿」の根拠地であるというわけだ。寰中《かんちゆう》は西の京都にある天皇、塞外は東の鎌倉にいる将軍の指揮下にある。鎌倉の将軍は、京都の天子の政治を扶持し、王城を守護する役割をになっているという。

『詞林采葉抄』を書いた由阿は、相模国藤沢に住した時宗僧で、鎌倉時代の仙覚《せんがく》流万葉学統の嫡系を標榜する学者であった。由阿から一二〇年ほど前の寛元四年（一二四六）、仙覚は鎌倉幕府四代将軍藤原頼経《よりつね》の命で『万葉集注釈』をあらわしている。これらの関東における万葉集研究の伝統は、鎌倉幕府による京洛文化の摂取であるとともに、「アヅマ《東》ヂ《路》ノミチ《道》ノハテ《果》」である常陸国に生まれた仙覚にとって東国文化の再評価をも意味していたといわれている。天皇が統治する公家の都京都に対して、将軍が支配する武家の都として鎌倉を意味づけることは、東国人による東国文化のアイデンティティの発露だったのである。

摂家将軍の正当性

仙覚に『万葉集注釈』の執筆を命じた鎌倉幕府四代将軍藤原頼経は、武威をもって天皇を輔佐する藤原摂関家の象徴的存在でもあった。

たとえば、常陸国鹿島社には、「白馬祭《あおうまのまつり》の由来記」が伝えられている。

鹿嶋大神宮　白馬の次第について

この祭は、まず夜中をまってから社壇の御戸を開いて行なう。これは禁中の節会と同じである。というのも、後堀河院の御世に、関白藤原道家《みちいえ》朝臣のご子息であった征夷大将軍頼経さまが、悪来王を退治なさるために、関東へご下向されたとき、当社のご神託をおうけになった。それ以降、社内に蔵をつくり、もろもろの神器を安置して、

四時の祭祀をおこたりなく、禁中と同じようにもよおすことになったのだ。（中略）

天福元年正月五日　藤原実久《さねひさ》（花押影）

毎年正月七日に行なわれる鹿島社白馬祭は、藤原頼経が下向した際の神託がそもそものはじまりだという。ここでの頼経下向は、「悪来王退治」のための東下と称されている。「悪来王」とは、平安時代初期の蝦夷《えみし》の軍事指導者アテルイのことである。一時は陸奥国胆沢《いさわ》に侵攻した朝廷軍を撃退したが、征夷大将軍坂上田村麿《さかのうえのたむらまろ》に敗れて降伏し、処刑された。将軍藤原頼経の関東下向は、坂上田村麿以来の武威の再現とされていたのである。

ただし、天福元年（一二三三）正月五日は改元以前の実在しない日づけである。どうやらこの文書は、室町時代につくられた偽文書と思われる。けれども、「悪来王退治」と称された頼経の下向はまったくの虚構ではない。寛喜三年（一二三一）五月四日ころ、京都で流布された祇園社《ぎおんしゃ》の託宣が、関白九条道家から鎌倉にいる息子頼経のもとへ報ぜられた。頼経は、五月九日に鹿島社奉幣と一万巻心経供養を行ない、幕府も関東分国であいついで実施している。頼経の鹿島社奉幣は、炎旱《えんかん》・疾疫《しつえき》が日本全土を襲った寛喜《かんぎ》大飢饉の救済政策のひとつであった。この鹿島社奉幣が「悪来王退治」という東夷征伐に読みかえられることで、頼経の武威の神話が創出されていたのである。

承久元年（一二一九）、三代将軍源実朝《さねとも》が暗殺されると、時の関白九条道家の息でわずか二歳の三寅《みとら》（頼経）が四代将軍として鎌倉に迎えられた。頼朝以来の源氏将軍の血統がとだえたのち、頼朝の妻北条政子とその弟で幕府執権となった北条義時らの画策によって、藤原摂関家からあらたな将軍が擁立されることになった。いわゆる摂家将軍である。

公家社会に君臨してきた藤原氏が、武家の棟梁である征夷大将軍になる。その理由を、寛元四年（一二四六）「九条道家願文《がんもん》」は次のように説明している。「人の世になってまもないころ、大織冠鎌足公が入鹿を誅伐して藤原氏としての大功をたてて天智天皇を擁立なさった。これこそがすなわち武をもって君をたすけるということである。今では保元の乱以来、天下は武士の手のものとなり、武威がなければ世を治めることができないので、藤原氏出身の者が将軍と定まったのである」。大化元年（六四五）の鎌足による蘇我入鹿誅滅という武威の大功が、摂関家から将軍を輩出する正当性の根拠とされていたのである。

頼経の正当性は、ほかにもさまざまに語り継がれていた。『増鏡』によれば、ある人の夢に「源頼朝ののちには、その太刀を藤原頼経があずかりなさい」とする春日大明神の預言があったとされている。頼経が頼朝の後継者指名をうけたというわけだ。慈円も、『愚管抄』のなかで、藤原頼経の将軍擁立とは、天皇のために藤原摂関家と源氏将軍家とをひとつになして「文武兼行」して世を治めるという八幡大菩薩と春日大明神との契約によるものとしている。九条道家もまた、同じように「太神宮（伊勢神）と鹿嶋（鹿島神）のご約諾」による「藤源和合（藤原氏と源氏の融和）」であるとしている。

また鎌倉中期成立の『古今著聞集』によれば、北条義時は武内宿禰《たけうちのすくね》の再誕であるとされている。北条得宗家の祖である義時を神話化することによって、北条氏による執権政治を正当化しようとしたわけだ。ただし、このなぞらえは、頼経の神話化をも意味している。神功皇后《じんぐうこうごう》の三韓征伐伝承を思い出してみよう。昔、仲哀《ちゅうあい》天皇の熊襲《くまそ》征伐につきしたがった神功皇后は、新羅《しらぎ》征伐をすすめる信託をうけたが、天皇はこれを信じることなく急死してしまう。ふたたび神託をうけた皇后は、のちの応神《おうじん》天皇をやどした身重のからだで新羅遠征を決意し、忠臣武内宿禰とともに新羅をはじめ朝鮮三国の帰順に成功したという。この伝承にあてはめてみると、義時が武内宿禰ならば、神功皇后は尼将軍北条政子であり、応神天皇こそが幼君頼経となる。頼経は、鎌倉幕府にとっての応神天皇だというわけだ。

摂家将軍の武威のみなもとは藤原鎌足にあり。入鹿誅殺という藤原鎌足の功績は、武威をもって天皇を輔佐する藤原摂関家の歴史的役割として再解釈されたのである。摂家将軍頼経の擁立をきっかけとする鎌足の武威に対する再評価が、武家の都鎌倉の鎌足由来説を生み出した背景にあったことはまちがいあるまい。

中郡庄司と那珂実久

栃木・埼玉県境にもほど近い茨城県西部一帯は、鬼怒川・利根川の支流が網目状に入りくんだ沖積平野である。かつてこの地は、「香取《かとり》の海」とよばれた内海の奥玄関に位置していた。下野薬師寺《しもつけやくしじ》に道鏡が配流され、下総で平将門が挙兵し、真宗教団が高田専修寺《たかだせんじゆじ》に拠点をきずき、古河公方が本拠をうつすなど、古代中世の関東における先進文化地域であった。

　その一角にあたる加波山《かばさん》の北のふもと、筑波《つくば》街道や結城《ゆうき》街道がかよう常陸国中郡荘《ちゆうぐんのしよう》（現在の桜川市友部）に石守寺《いしもりでら》という寺院があった。要衝にたつこの天台宗寺院は、一四世紀半ばには確実に実在していて、中世後期には談義所《だんぎしよ》として学僧たちが行きかい、たいそうにぎわっていたらしい。しかし、明治の廃仏毀釈《はいぶつきしやく》によって廃寺となり、今ではあとかたもなく、寺宝は散失してしまった。

　この石守寺にあったという藤原鎌足の木像が、ほど近い香取神社祠官の家に伝えられている。像高四四・一センチの小さな木像。両手首は欠損し、片膝立ちの姿勢で、冠に袍、指貫《さしぬき》を着て、靴をはいている。その制作は、一二世紀末にさかのぼると推測される。

　また同家には、「中郡庄司《ちゆうぐんしようじ》」とよびならわされる木像も残されている。こちらは像高

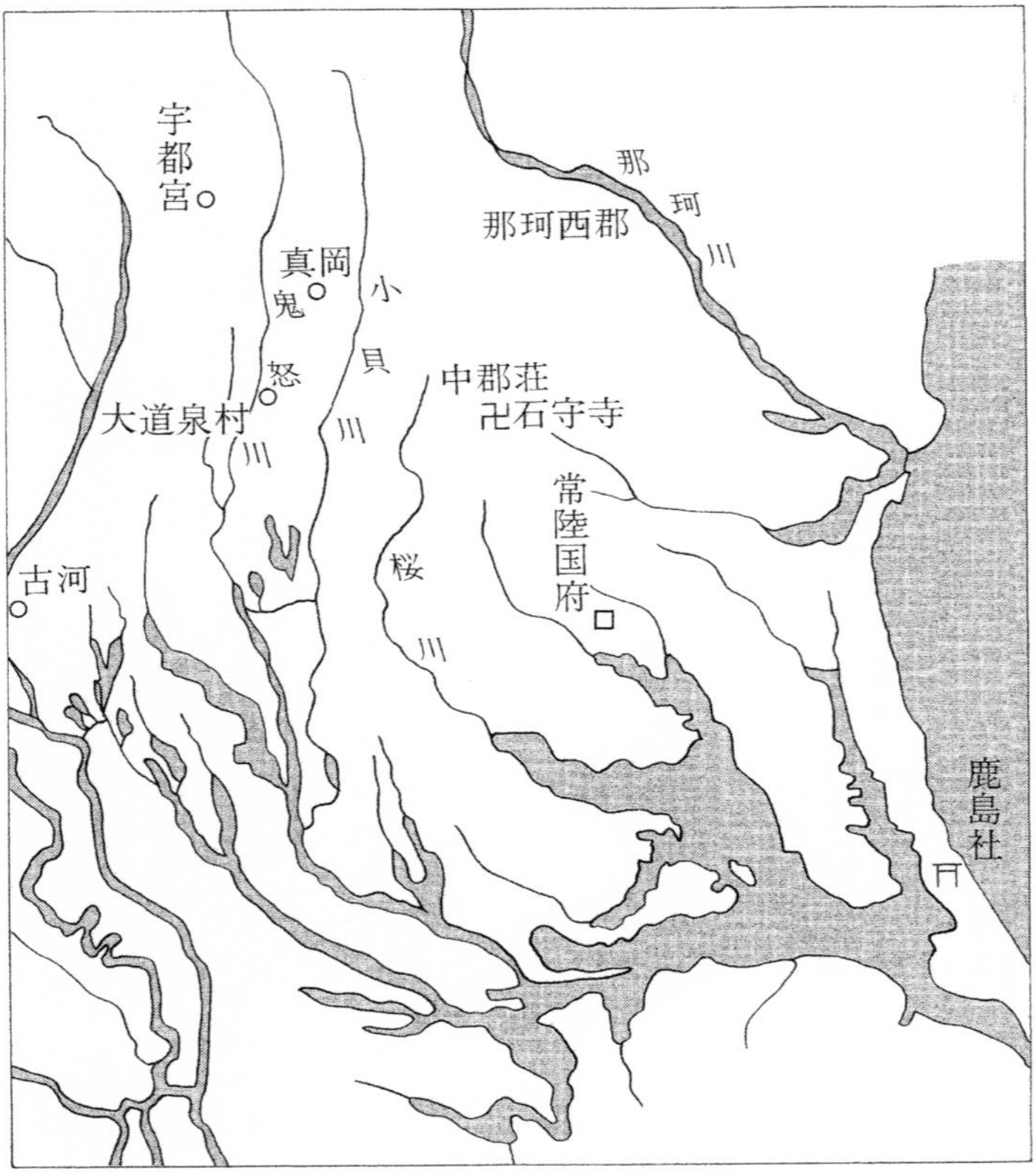

図26　茨城県西部

図27　「藤原鎌足像」（個人蔵）

図28　「中郡庄司像」（個人蔵）

八九・四センチで、ほぼ等身大の俗人座像である。立烏帽子《たてえぼし》に小袖《こそで》、袴《はかま》姿で、右手を下ろし、左手で剣をにぎる。カヤの一木造という古い要素も認められるが、とりあえず一五世紀の制作と推測される。

　この中郡庄司像の由来については、明治二八年（一八九五）の『神社取調書』にくわしく記されている。昔、疫病が全国に流行したため、桓武天皇が勅願所《ちよくがんしよ》である石守寺に中郡庄司友実《ともざね》という勅使を遣わして祈願したところ、ほどなくして悪疫がとりのぞかれた。そこで、延暦一一年（七九二）に藤原友実の肖像を彫刻して境内に勅使御影堂を建立したという。ただし、香取神社の祀官家の系図によれば、友実は萩原氏の先祖で、香取社を勧請して永禄二年（一五五九）に死去した人物とされている。この友実の父が「中郡庄司」だという。また言い伝えによれば、鎌足の木像は、この中郡庄司友実が京都からもってきたものだという。

しかし、勅使御影堂がはじめて史料上に登場するのは、宝暦一〇年（一七六〇）の「巡見記書抜」で、それ以前には確認できない。また明治二八年（一八九五）の『神社取調書』にしても、「友実の木像ほか一体」があったと記されているだけで、「友実」なる人物は登場しても、鎌足の名は依然としてみえない。現存する鎌足像が「藤原鎌足」と名づけられたのは、史料上ではこの一〇〇年ほどの間にすぎないことになる。たしかに、この鎌足像は、一見すると神社の門でみかける随神像《ずいじんぞう》のようなかっこうで、ほかの一二〇点あまりある鎌足像のなかに類例をみない。廃仏毀釈のどさくさのなかで、かろうじて残っていた平安時代の神像に「鎌足」という名前をつけたというのが実際のところかもしれない。

しかし、火のないところに煙はたたない⁉ この地に藤原鎌足像が伝えられたのは、まんざら意味のないことではなさそうである。というのも、鎌倉時代に中郡荘の地頭であった中郡氏は、先に紹介した鹿島社の「白馬祭の由来記」を書いた人物と同族関係にあるからである。そう、藤原頼経の悪来王退治をひいて摂家将軍の武威を喧伝したあの文書である。

「白馬祭の由来記」を書いた「藤原実久」とはだれなのか。結論をいえば、鎌倉初期の有力御家人那珂実久ではないかと思われる。

常陸の雄族那珂氏については、一九八〇年ころに京都府福知山市の桐村家から「大中臣氏略系図」が発見されたことでその実態が明らかになった。那珂氏の祖は、藤原摂関家師通の子で、一一世紀後半ころに常陸国中郡の郡司職をあたえられた大中臣頼継《よりつぐ》とされる。

頼継の孫実経は、一二世紀後半に相模国六浦荘《むつらのしょう》をあたえられ、その子那珂実久は、源頼朝の有力御家人となった。那珂実久は、常陸国那珂西郡のほか数多くの所領を有し、丹

図29　中郡氏と那珂氏

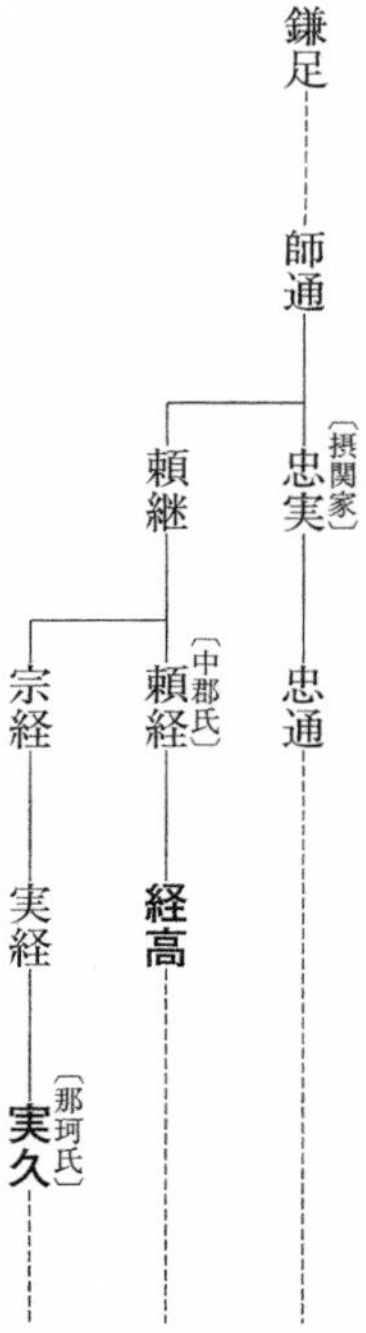

波・摂津・山城の守護をかねて、かつ京都守護職の地位にあった。この那珂実久は、「白馬祭の由来記」を書いた藤原実久と①名前が一致するだけではない。②『吾妻鏡』から、那珂氏と摂家将軍頼経とが親密な関係にあったことがうかがえる。加えて、那珂氏が拠点とした那珂西郡には③悪路王首像を所蔵する高久鹿島《たかくかしま》神社があり、④中世において鹿島信仰と武甕槌命《たけみかづちのみこと》伝説が先進的かつ濃密に分布する地域であった。京都・畿内とも深い関係をもち、鹿島社の信仰圏を本拠地としていた那珂実久ならば、鹿島社白馬祭の由緒において摂家将軍頼経の武威を説くスポークスマンをひと役買ってでたとしてもおかしくはないだろう。

他方、頼継の子頼経（摂家将軍頼経とは別人）は、中郡氏の祖となって、源義家と主従関係をむすんで武勇をはせた。その養子となった経高《つねたか》も保元の乱で活躍し、常陸において大きな勢力をもつ存在となっていった。経高は、中郡荘を京都蓮華王院《れんげおういん》（三十三間堂）に寄進して、みずからは下司《げし》（在地の管理者）となった。承安四年（一一七四）には「中郡庄下司経高」の濫行《らんぎょう》が京都まで伝え聞こえているから、その勢威は相当なものであったろう。経高の妻と源頼朝の母は姉妹だったから、経高の子孫たちは鎌倉幕府の御家人となった。しかし、貞永年中（一二三二・三三）に地頭職を没収されて、急激にこの地における影響力を低下させていったといわれる。

鎌倉前期に常陸西部に栄えていたまぼろしの一族中郡氏。「中郡庄司」とよぶなら、この中郡荘下司となった経高こそがもっともふさわしい。またこの経高ならば、同時代に同族関係にあった那珂実久とともに、鎌足や頼経の物語をかりて藤原摂関家の武威を喧伝する可能性もあるのではないか。かろうじて伝えられた鎌足像と中郡庄司像という名の木像は、藤原氏の武威の神話が残した落ち穂であったように思えてならない。

大化改新と明治維新

蘇我氏滅亡ののち、中大兄皇子と鎌足たちの改新政府は、数々の困難に直面してゆくことになる。当時の日本は、国外では激動する朝鮮半島情勢への対応、国内では律令制度の整備という内憂外患をかかえていたからである。

六六〇年の百済滅亡後、百済救援の派兵に向かった斉明天皇が筑紫で客死。六六三年には、百済復興の遠征軍が白村江の戦いで唐・新羅の連合軍に壊滅的大敗を喫してしまう。日本は朝鮮半島への足がかりを失った上、逆に唐・新羅からの脅威にさらされることとなった。国土防衛のために、筑前や対馬などに水城《みずき》が築かれ、防人《さきもり》や烽《とぶひ》が設置され、近江大津京への遷都が決定した。

中大兄皇子は、数年間称制《しょうせい》（即位せずに政務をとること）をつづけたのち、六六八年に即位した。天智天皇は、天皇・皇族・中央貴族層といった国内の諸勢力の融和に腐心する。六七〇年にあらたに庚午《こうご》年籍《ねんじゃく》をつくり、翌年にははじめての律令法典である近江令を施行したともいわれる。

大化改新という一大政治改革は、しばしば明治維新とならんで日本史におけるふたつの革命といわれてきた。

ただし、大化改新が重要な政治的変革期として、日本人のなかに意識されはじめたのはさほど古いことではないらしい。明治一五年（一八八二）、東京帝国大学講師だった有賀《ありが》長雄《ながお》は、皇典考究所での講演において「大化の革命」という語をもちいている。明治二〇年代（一八八七～）に入ると、田口卯吉《たぐちうきち》や久米邦武《くめくにたけ》、三浦周行《みうらひろゆき》らによってあいついで研究論文が発表された。これらに共通して認められるのは、当時の政府にとって直接の出発点であった明治維新との関連を、大化改新の上にはっきりと意識しはじめていたことであった。明治二〇年代といえば、自由民権運動の高まりと弾圧のなかで、大日本帝国憲法が発布され、内閣・議会制が確立されてゆく時期であった。立憲政治の黎明期を生きた日本人たちにとって、大化改新は、日本史上もっとも理想的なお手本であったというわけだ。

こうした大化改新を革命の理想とする考え方は、もっとはやくすでに幕末の草莽崛起《そうもうくっき》の志士たちの間に芽ばえていたようだ。

尊王攘夷の嵐がふきあれる文久二年（一八六二）正月一五日朝、江戸城坂下門外に銃声がこだました。水戸浪士ら六名が老中安藤信正を襲撃。警護の行列は一時混乱状態におちいり、安藤は背中に軽傷をおったものの、からくも城内に逃げこんだ。暗殺は未遂のまま乱闘のなかで六名の志士たちは斬死した。坂下門外の変である。事件後に書き記された『坂下濫觴聞書《らんしょうききがき》』は次のように述べている。

この一件は不届きなことに似て不届きなことではけっしてない。なぜならその昔、藤原鎌足公が常陸国鹿島から出て天智天皇とはかって蘇我入鹿大臣を討ち、天下泰平となった。このとき入鹿は大臣であった。王室の大臣を刺した鎌足公を不届き者として罰したならば天下は乱れたことだろう。鎌足公が政治を改革して政治をとったからこそ今がある。王統がご連綿とつづくことにおいてどの国も日本におよばないのはこのためである。このたび安藤信正を刺したことも、これと同じである。

坂下門外の変に加担し、みずから若い命を散らしていった志士たちと、蘇我入鹿を誅滅した藤原鎌足が重ね合わされている。鎌足がすすめた大化改新は、彼らがまだみぬ明治維新という革命のひとつの理想だったのである。

この『坂下濫觴聞書』の作者は小宅文藻《こやけぶんそう》。江戸南画の泰斗谷文晁《たにぶんちょう》の門人で、下野真岡《もおか》の絵師であった。事件の四半世紀ほど前に小宅文藻が描いた藤原鎌足像が、今も栃木県真岡市の個人宅に残されている。画幅左下に天保九年（一八三八）の年紀があり、上部の色紙に河野守弘《こうのもりひろ》の和歌がそえられている。色紙には「こすげ《小菅》よし蘇我の入鹿かた《戯》ハわさ《業》をき《鞠》ため給し大臣やこれ（入鹿の戯けごとを罰したのは鎌足大臣であることよ）」と書かれている。

この和歌をよんだ河野守弘は、下野国大道泉村（現二宮町）の名主の家に生まれた。故郷下野国の地誌出版をこころざし、二〇年あまりの歳月をついやして、嘉永三年（一八五〇）に全一二巻からなる『下野国誌』を出版した。『下野国誌』九巻の宇都宮氏系図の冒頭に、谷文兆筆「藤原鎌足像」の版刷の挿絵が掲載されている。鎌足像が挿絵になったのは、宇都宮氏の始祖だったからばかりではなさそうだ。鎌足の入鹿誅殺を賛美する和歌をよんだ守弘であれば、そこに尊王と革命の政治的メッセージをよむこともできるのではないか。実際、この一二年後におきた坂下門外の変にくわわった六名の浪士のなかに、守弘の孫河野顕三《けんぞう》がいた。また事件の指導者とされる大橋訥庵《おおはしとつあん》は、宇都宮藩とかかわりが深い人物であった。河野守弘もまた、坂下門外の変へいたる勤王の嵐のなかに身をおいていたと思われる。守弘は、翌文久三年（一八六三）に七一歳で病死。その死から半世紀あまりたった大正四年（一九一五）、『下野国誌』編纂と勤王の志を認められて、正五位の官位を贈られている。

小宅文藻が暮らした栃木県真岡市や河野守弘が生まれた二宮町は、常陸国中郡荘のあっ

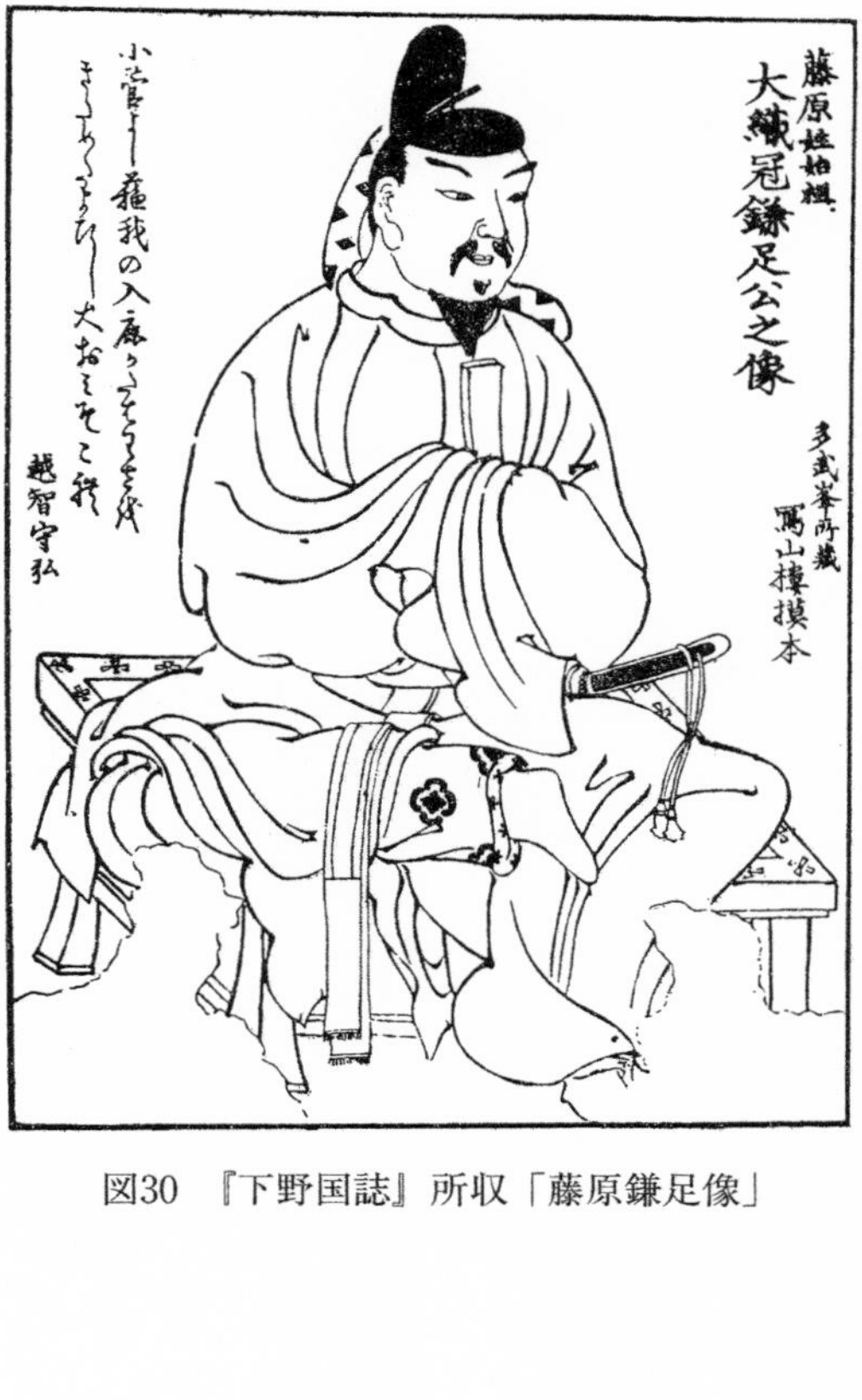

図30　『下野国誌』所収「藤原鎌足像」

た茨城県桜川市のすぐ北にあって隣接している。藤原鎌足の武威の物語。やはり藤原頼経や那珂・中郡氏らがおとした小さな種は、ひっそりとこの東路のはてではぐくまれていたのではないか。それは、長いときのはてに、幕末という動乱の時代に小さな芽ぶきをみせ、やがて明治維新という革命の理想として花開くことになるのである。

鎌倉の鎌足

鎌倉の地名由来説について、もう少し別の角度からみてみよう。実は、鎌足が鎌を埋めたという鎌埋めの伝説の舞台は、浄妙寺《じようみようじ》という寺院である。

鎌埋稲荷明神

由比ヶ浜から北進する若宮大路を鶴ヶ岡八幡宮の手前で東に折れると、鎌倉の住宅街から朝比奈切り通しをへて金沢八景へと向かう金沢街道がある。古来、都市鎌倉と港湾六浦とをむすぶ動脈となってきたこの街道の途中に、稲荷山浄妙寺という禅刹がある。この浄妙寺の境内に藤原鎌足をまつる神社がある。その名も鎌埋稲荷明神社。浄妙寺に伝わる『鎌埋稲荷明神縁記』の主要部分を紹介しよう。

図31　鎌埋稲荷明神社

関東相模国の大倉郷にある稲荷大明神には、内大臣大織冠鎌足が鎮座している。（中略）大化二年の春のこと。大織冠はかねてより悲願としていたことがあって、常陸国の鹿島社に参詣する途中で当国の由井里《ゆいのさと》に止宿していた。夜になって白髭の老翁があらわれて、「われはおまえを影のごとく擁護している。霊剣をわが土地にさずけなさい」と告げて、たちまちかき消えた。大織冠は不可思議の思いをなして、沐浴《もくよく》して東を拝むと、白狐のみちびきの相があった。そこで七日をかぎって毎日参詣したら、最後の日に神楽が奏され、神楽男に託してふたたび神託があった。「今こそ霊剣を奉納すべき秋である。国賊はすでに滅亡し、中臣の家が富み栄えることは明白で、国家はあまねく安泰となった。鎌を奉納してこの土地を鎌倉郡ととなえることにしなさい。そうすれば、五穀は成熟し、日夜万民を擁護しよう。たとえ貧夫野人であっても、孝護の念をもつ者は氏子としよう。たとえ高爵貴官であっても、忠節の心なき者は国賊となそう。王法は仏法により守護され、仏の救済は名もなき民衆にまでゆきわたるであろう。この世を照らす月のように秋津国を守護して、この地にこそ仏が救済の手をさしのべられることであろう」。大織冠は神殿にのぼってつつしんで次のように詠んだ。「摩訶般若の降魔の鋒に万代を祈りてこめし鎌倉の里」。三遍となえて賽幣して感涙にむせんでこの地をあとにした。都に帰ってこのことを天皇に奏したところ、天皇の叡感によって神領を寄附なさり、今後は鎌倉郡とよびなさいとの勅意があった。のちに天智天皇は、鎌足に中臣姓をあらためて藤原姓を下賜された。藤原家の繁栄は神明の霊応としてうそいつわりのないところである。

正二位権中納言藤原隆顕《たかあき》

この縁起を書写した「藤原隆顕」とは、藤原氏庶流の四条隆顕のことと思われる。『公《く》卿《ぎょう》補任《ぶにん》』によれば、四条隆顕が正二位権中納言であった時期は、文永三年（一二六六）正月五日から文永六年（一二六九）一一月二八日までにかぎられる。『鎌埋稲荷明神縁記』の書写がこの時期にさかのぼるとすれば、鎌埋め説話を記したもっとも古い史料ということになる。

ただし、『吾妻鏡』弘長元年（一二六一）五月一日条に「大倉稲荷」なる神祠があり、鎌

図32 「藤原鎌足像」（浄妙寺所蔵）

埋稲荷明神社はもう少し古くからあったのかもしれない。この神祠は、文明一九年（一四八七）の尭恵《ぎょうえ》『北国紀行』では「大織冠の御鎮座」とされ、延宝二年（一六七四）成立の徳川光圀《みつくに》『鎌倉日記』では「鎌足大明神」とよばれている。

浄妙寺には、今も藤原鎌足の木像が伝えられている。寛政九年（一七九七）以降文化年間（〜一八一八）にかけて、時の老中松平定信が編纂した『古画類聚《こがるいじゅう》』には、鎌足木像の模写があり、「鎌倉浄名本寂堂安置」と注記されている。この木像がいったいいつごろつくられたものなのかは不明である。ここでは、浄妙寺の歴史から推測しておくにとどめよう。

稲荷山浄妙寺は、文治四年（一一八八）に足利義兼《よしかね》が建立した極楽寺《ごくらくじ》が前身とされる。『稲荷山浄妙禅寺略記』によれば、義兼の子義氏《よしうじ》が退耕行勇《たいこうぎょうゆう》を開山にまねいて臨済宗寺院に転じたという。そののち、一三世紀後半までには寺号を浄妙寺にあらため、室町幕府初代将軍尊氏《たかうじ》の父貞氏《さだうじ》の菩提寺となった。『鎌埋稲荷明神縁記』を書写した四条隆顕もまた、足利義氏の娘を母とする足利氏の内縁者であった。またのちに関東管領として室町期の関東に絶大な勢力をほこることになる上杉氏は、もともと四条家の家司《けいし》として関東に下向し、足利氏との姻戚関係をむすんだ一族であった。

浄妙寺の寺勢がもっともさかんであったのは、足利氏が権勢をほこっていた一四世紀後半から一五世紀初頭ころであったと思われる。応安元年（一三六八）に二代将軍足利義詮《よしあきら》の遺骨が分骨され、永徳二年（一三八二）には、三代義満によって下野天宝寺の梵鐘がうつされた。当時、鎌倉には室町幕府の出先機関である鎌倉府がおかれ、その長官である鎌倉公方の屋敷は寺域のとなりに位置し、『殿中以下年中行事』によれば鎌倉公方の参詣が恒例化していた。至徳三年（一三八六）、浄妙寺は鎌倉公方の手厚い庇護のもとで、鎌倉五山第五位に定められている。しかし、応永三一年（一四二四）と永享元年（一四二九）に炎上し、その後は東国の争乱と応仁・文明の乱によってしだいに荒廃してゆくことになる。浄妙寺が長い荒廃の時代をへて本格的な復興をとげるのは、一七世紀半ばまでまたなくてはならない。

以上のような浄妙寺の歴史をみてみると、鎌足の木像が制作される時期は、一五世紀初頭以前か、一七世紀後半以降しかなさそうである。このうち堂舎・塔頭が建ちならび、足利氏という強力なパトロンをもっていた前者の時期のほうが鎌足像を制作する可能性は高いのではないかと思われる。

それにしても、なぜこの寺に鎌足がまつられ、鎌の物語が語られることになったのだろう。

足利氏の勝軍地蔵信仰

足利氏の菩提寺である浄妙寺の境内に鎌足稲荷明神社がまつられたのは、どうやら足利氏の勝軍地蔵信仰と関係がありそうだ。

そもそも勝軍地蔵という仏さまが日本にはじめて姿をあらわしたのは、一三世紀初頭の京都においてであった。『承久三年四年日次記』によれば、清水寺の僧たちが勝軍地蔵と勝敵毘沙門を造立して供養したという。ついで『大休録《だいきゅうろく》』建治元年（一二七五）条には、元執権北条時頼の十三回忌のために、「勝軍の千体の地蔵」を修復したと記されている。鎌倉中期までには、勝軍地蔵が京都から鎌倉へと伝播していたわけだ。さらに、一四世紀に入ると、大和国多武峯に隠棲していた元天台座主良助法親王が、養父である西園寺《さいおんじ》実兼《さねかね》が宋から入手した典籍などをもとにして『與願金剛地蔵菩薩秘記』をあらわすことになる。

こうして登場した勝軍地蔵信仰をいちはやく受容した一族が、室町幕府将軍となる足利氏であった。

たとえば、初代尊氏の地蔵信仰は有名で、一〇点あまりの地蔵を描いた絵画や讃文が伝えられている。そのなかには、浄妙寺所蔵の地蔵像もふくまれる。また尊氏は、地蔵像を描くことを日課としていて、等持寺《とうじじ》に一〇万体の地蔵像をつくり、勝軍地蔵像を安置したといわれる。下野国足利鑁阿寺《ばんなじ》所蔵の勝軍地蔵像は、尊氏作とも伝承されている。

京都の東寺実相院《じつそういん》では、室町幕府歴代将軍による勝軍地蔵法の修法《すほう》が行なわれていた。その本尊となった地蔵像は今も東寺にあり、足利氏の奉行人であった安富道行《やすとみどうぎょう》によって讃岐国形寺からとりよせたものとされている。

アニメ「一休さん」でおなじみの三代義満は、幼いころ、お昼寝で地蔵があらわれる夢をみたと伝えられている。その息子の四代義持も、みずからの肖像画に勝軍地蔵のシンボルである日輪を描かせているし、応永一七年（一四一〇）には京都若王子《にゃくおうじ》社へ自筆地蔵像を寄進している。九代義尚は、等持院地蔵像に甲冑を着せて勝軍地蔵を供養し、勝軍地蔵の御櫛《みぐし》にみずから戦勝祈願文をこめたとされている。

こうした室町時代の足利氏の熱烈な勝軍地蔵信仰をみるに、それが鎌倉時代にさかのぼる可能性は高い。ならば、勝軍地蔵の変化身たる藤原鎌足が、足利氏の菩提寺浄妙寺にまつられたことも理解しやすくなるだろう。

さらに、足利氏の勝軍地蔵信仰は、鎌倉公方が支配する東国においてもみることができる。一時期、鎌倉に在住していた尊氏の弟直義《ただよし》には、矢負地蔵の伝承が伝えられている。静岡県伊豆の国市の蔵春院《ぞうしゅんいん》所蔵勝軍地蔵像は鎌倉公方足利持氏《もちうじ》の守護尊と伝えられている。

摂家将軍擁立をきっかけに生まれた鎌足の武威をめぐる言説は、勝軍地蔵の武威との合流をはたしながら、足利氏を通じて東国社会に深く根をはりはじめていたのである。

一〇〇〇年後の『小栗判官』

東京都心から五日市線の終着駅武蔵五日市駅まで約一時間四〇分、そこから車で一時間ほど。秋川渓谷の上流部に位置する檜原《ひのはら》村は、東京都とは思えないほどの深い緑につつまれた山あいにある。役場のある中心地本宿《もとしゅく》から、秋川は南北ふたまたに分岐して西へと遡上する。集落は、そのふたつの谷にそって点在している。北秋川ぞいの宮ヶ戸集落から、さらに標高六〇〇㍍《メートル》ほどまでのぼった西峯《にしみね》とよばれる尾根に、小さなお堂が建っている。伊勢清峯《いせきよみね》神社。今では、まれに登山客が通りかかるだけの山神の棲まう社である。ここにひっそりと一体の藤原鎌足の木像が伝えられている。

像高二六・三センチ。冠に束帯《そくたい》・靴を着し、椅子に両足をそろえて座す。その台座には、「永禄三(一五六〇)庚申歳八月作之」と墨書されている。おどろいたことに、この鎌足像は、浄妙寺に伝わる木像とみまがうばかりに瓜ふたつではないか。伊勢清峯社鎌足像は、浄妙寺鎌足像の模刻と考えるほかなさそうだ。とはいえ、足利氏の菩提寺である浄妙寺に安置された鎌足像を実見できる者はかぎられていたはずだ。模刻するとなれば、なおさら難しいだろう。

なぜこの地に藤原鎌足の木像が伝えられたのだろうか。まずは一九世紀ころにつくられたと思われる『清峯宮縁起《きよみねぐうえんぎ》』をみてみよう。

そもそも当社清峯宮の縁起をたずねてみるに、昔、相模国横山城主であった小栗判官《おぐりほうがん》利包《としかね》という勇健の智がいて、大織冠鎌足という人を深く崇敬していました。鎌足卿は、大和国多武峯に霊をとどめています。この卿は、天児屋根命から二二代目の嫡孫にあたります。皇極天皇を輔佐して、国政をつかさどること群をぬいておりましたので、正二位左大臣藤原姓の元祖となりました。利包は、鎌足の神霊を信じて、居城の北にまつろうとしました。しかし、利包の城はあえなく落城し、鎌足の霊神がその城にや

図33　「藤原鎌足像」
（伊勢清峯神社所蔵）

どることなく、この峯に飛来したのです。この峯を人よんで「清峯」といい、鷺をもって神の使いとなし、長く神妙にして不測な出来事もほとんどなくなりました。この神霊に祈願すれば、悪魔外道のさわりもなく、盗難や剣難のさわりもなく、病苦や憂愁のわざわいをはらいのけることができます。すぐに登山して祈願なされるがよい。

伊勢清峯社の鎌足像をつくったのは、相模横山城主小栗判官利包なる人物だという。『小栗判官』といえば、説経節や浄瑠璃、歌舞伎などで知られる中世の物語。鎌足像と『小栗判官』と、どのような関係があるというのだろうか。あらすじを紹介しておこう。

小栗判官は、藤原正清《まさきよ》、名は助重《すけしげ》という。京都の貴族二条中納言兼家《かねいえ》と常陸国の源氏の母との間に生まれた。子宝にめぐまれない兼家夫妻が鞍馬《くらま》の毘沙門天に祈願し生まれたことから、毘沙門天の申し子といわれている。都で蛇とちぎったために天変地異をもたらしてしまった正清は、常陸国小栗郷へ流罪のうき目にあう。そこで小栗判官とよばれ、郎党をひきいて勢力をほこっていた。ある日、相模国の横山大膳《だいぜん》の娘照手《てるて》姫《ひめ》をみそめて、押しかけ婿となる。これにおこった大膳は、宴席で小栗に毒酒をのませて殺してしまう。照手姫も、六浦で人買いの手にわたり、全国各地に売られてゆく。小栗判官は、地獄の閻魔大王の裁定で地上にもどされたが、餓鬼の姿で地車にのせられ東海道を西上していく。熊野にたどりついた小栗判官は、湯峰の湯で本復し、美濃国青墓《あおはか》で照手姫と対面。このの ち横山大膳を退治し、大長者となった小栗判官と照手は、幸せに天寿をまっとうした。

『小栗判官』の主人公のモデルは、小栗助重といわれている。彼は、常陸国小栗城主であった常陸平氏小栗満重《みつしげ》の息子で、享徳四年（一四五五）の東国争乱で没落した実在の人物である。小栗城の落城から説経『小栗判官』の成立、伊勢清峯社鎌足像の制作まで約一〇〇年。一〇〇年後の関東に、小栗利包なる人物は、どこをさがしてもみつからない。同時期の小栗氏の動向をみても、伊勢清峯社とはまったくつながりがなさそうである。

横山城主小栗判官がつくった鎌足像。これは根も葉もないつくり話なのだろうか。いやいや、この話。どうやらまったくのでたらめというわけでもなさそうである。

物語のなかで、小栗判官は二条（藤原）中納言兼家の子息とされているから、鎌足の子孫ということになる。

現在、伊勢清峯神社の宮司をしている峯岸《みねぎし》氏は、康永四年（一三四五）に「峯岸六左衛門藤原延景」が三嶋社の分霊をまつった（現在の南郷神社）という棟札が史料上の初見で、このとき藤原姓を名のっていたことが明らかである。近隣には同じ藤原姓を名のる坂本氏もいて、両氏は婚姻関係をむすんでいたようだ。北谷の最奥には「藤原」の地名も残っている。

そもそも秋川、平井川、多摩川といった多摩地域の河川ぞいには、春日神社が少なからず点在している。檜原村にも南北ふたつの谷筋にそって春日神社が四ヵ所あり、藤原氏の氏神天児屋根命がまつられている。なかでも、本宿の春日神社には一六世紀後半の「御帳《おちょう》」とよばれる神事名寄《なよせ》帳《ちょう》が伝えられ、檜原城の守護神として地域の武士たちの信仰を集めていた。

『小栗判官』のかたき役とされた横山大膳のほうはといえば、実は戦国期の檜原には、横山党の流れをくむ武士たちが濃密に活動していたようだ。

横山党といえば、平安後期から鎌倉初期にかけて武蔵国多摩郡横山荘を中心に割拠していた小野姓の武士団である。横山党は、建暦三年（一二一三）の和田合戦で全滅したといわれている。しかし、檜原村では、吉野氏や中村氏といった横山党の流れをくむ氏族が生きつづけていた。一二世紀に小野牧《おののまき》の別当として関東に大きな勢力をもっていた横山資孝の子息経兼と忠兼の兄弟は、源頼義にしたがって陸奥安倍氏との合戦で軍功をあげた。吉野・中村氏は、この経兼《つねかね》・忠兼《ただかね》を遠祖として、かつては兄弟の関係にあった小野姓横山党の一族であった。

中村氏は、南北朝内乱で敗れて落人となった中村数馬《なかむらかずま》小野氏経《おののうじつね》が、檜原村の数馬地区に土着したのがはじまりとされている。天文年間には九頭龍《くずりゅう》神社を建立、中村氏と藤原姓坂本氏との婚姻関係も確認できる。

他方、吉野氏は、武蔵国忍《おし》城主成田氏に仕えた一族で、「成田系図」によれば成田氏の分流ともされている。成田氏は、「武蔵七党系図」では横山党の流れをくむとされ、「成田系図」では藤原姓を名のる一族でもあった。一六世紀半ばに成田長泰に仕えた吉野対馬守正方《まさかた》の子息対馬守盛光《もりみつ》は、檜原城主の平山氏に仕えて土着したとされている。盛光の弟の織部之助正清も、天正一八年（一五九〇）の北条氏滅亡後、忍城から檜原にほど近い青梅市師岡にのがれて、この地の開拓にたずさわった。伊勢清峯社宮司の峯岸家には、祖先に

「守光」や「織部」なる名があり、どうやら吉野氏とも婚姻関係をもっていた可能性がある。

藤原姓や小野姓横山党の武士たちは、南北朝期ころからこの地域に土着して、たがいに婚姻関係をむすびながら、戦国期には檜原城主平山氏を中心とする檜原衆として活躍していたのである。となると、『清峯宮縁起』がわざわざ『小栗判官』をもち出してきたのは、藤原姓と横山党との関係を強調したかったからではないか。

永禄三年の軍神

永禄三年（一五六〇）は、檜原にとってたしかに特別な年であった。

第一に、永禄三年八月の台座銘をもつ伊勢清峯神社の鎌足像。第二に、「坂本家系図」によれば、永禄三年一月に、坂本繁直が夢告により臼木大権現（現在の南郷神社）を勧請している。第三に、檜原村の四つの春日神社のうち、中組地区の春日神社は、永禄三年九月の創建と伝えられている。加えて第四に、本宿の山王社には、永禄二年（一五五九）九月の五大明王の版木が残っている。第五に、同じ永禄二年には、檜原城主の平《ひら》山綱景《やまつなかげ》が大久野（日の出町）に神明社の拝殿を新造していた。

このころ、檜原で何がおこっていたのだろうか。

室町時代の檜原は、南に八王子浄福寺《じょうふくじ》城の大石氏、北に青梅勝沼《おうめかつぬま》城の三田氏、東に五

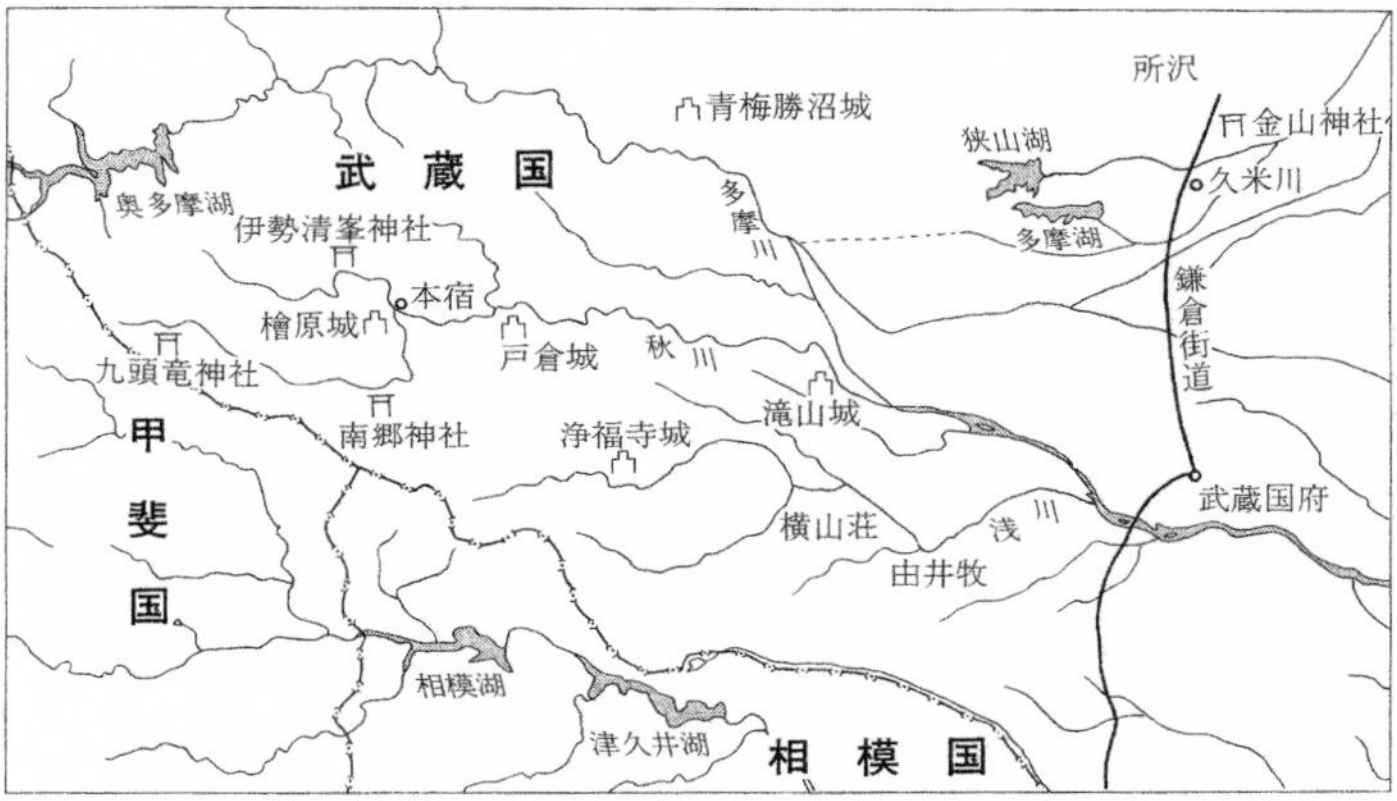

図34　戦国時代の多摩地域

日市戸倉《とくら》城の小宮氏といった多摩川流域にひしめく中小の在地勢力のはざまにあった。檜原の武士たちは、こうした近隣の諸勢力と同じように、当初、武蔵国守護であった関東管領上杉氏と主従関係をむすんでいたと考えられている。しかし、一六世紀に入ると、しだいに鎌倉公方や関東管領が弱体化して、かわって小田原北条氏の勢力が伸張してくる。多摩地域の諸勢力は、旧主上杉氏と新興の北条氏との間でゆれうごくことになる。

なかでも、秋川流域に大きな影響力をもっていたのが大石氏である。大石氏は、木曾義仲の末流とされるが、その出自は明らかではない。室町時代に入って代々関東管領上杉氏の重臣となり、武蔵国守護代に任じられ、多摩地域を領有してきた。しかし、天文七年（一五三八）、大石定久《さだひさ》は北条氏康の軍門にくだり、五日市の戸倉城に退去。その後、北条氏康の三男氏照が、定久の婿養子となって大石氏の家督を相続した。「大石系図」を信じれば、永禄三年（一五六〇）は、北条氏照が大石定久と横山秀綱《ひでつな》の娘との間にうまれた実子定仲《さだなか》に大石家の家督を返還した年にあたる。永禄三年は、横山党の正統な血を受けつぐ定仲が、この地域の主の座に返り咲いた瞬間でもあったのである。

その直後の永禄三年八月、越後の長尾景虎《かげとら》（上杉謙信）が管領上杉憲政《のりまさ》とともに関東侵攻を開始した。上野国に侵入した景虎軍は、またたくまに南関東までを席巻し、一〇万あまりの大軍をひきいて北条氏康の本拠小田原にせまった。景虎軍の破竹の侵攻を可能にしたのは、大石、三田、平山といった武蔵武士たちであった。彼らは、いまだ支配の脆弱な北条氏から離反して、こぞって旧主上杉氏をいただく景虎軍に参陣していた。

しかし、彼らの参陣は長くはつづかなかった。翌永禄四年（一五六一）二月、景虎は、鎌倉鶴岡八幡宮で関東管領職と上杉家の家督を相続。その拝賀式の場で、景虎が成田長泰《ながやす》の非礼を叱責したことを不服として、関東の大半の諸将が兵をまとめて帰陣してしまったのである。この間、景虎軍によって制圧された北条氏領国内では、乱暴狼藉がくりかえされ、各地で数度にわたる禁令が発せられるほどであった。鎌倉や八王子周辺の寺社でも、多くの堂塔が焼かれ、仏神像や什物《じゅうもつ》が破壊されていたようだ。蹂躙の傷跡は、武蔵武士たちの旧主上杉氏と長尾景虎軍へのあわい希望を急速に冷ましてしまったらしい。期待は失望へと色をかえた。

真相は依然として深い闇につつまれたままであるが、ここでひとつの仮説を提示してみよう。永禄三年（一五六〇）当時、もはや鎌倉公方や関東管領にかつての栄華も権力もなく、パトロンを失った浄妙寺の堂塔はただ荒廃するにまかせるほかなかったはずである。荒れはてたお堂の片隅で、ほこりをかぶるままに戦乱がしずまるのをじっと待つ藤原鎌足の木像。せまり来る戦火を前に、横山党の血を受け継ぐ成田氏や大石氏らを介して、檜原にいた藤原姓や横山党の武士たちが、浄妙寺の藤原鎌足像を模刻して、多摩の山中深くに秘蔵した。それは、直接には軍神《いくさがみ》たる藤原鎌足に檜原衆の戦勝と村の安穏を祈念するためであったにちがいない。その奥には、新興の北条氏の支配下にあることをよしとしない武蔵武士たちの、旧主上杉氏を奉じたまだみぬ景虎軍への期待感があったのではないか。

実は、これとよく似た例がある。埼玉県所沢市の金山《かなやま》神社は、斎藤信廣《さいとうのぶひろ》が大和多武峯から金山権現を勧請して鎌足をまつったものという。天保年間ころにつくられた「斎藤系

図35　金山神社

図」によれば、斎藤氏は藤原姓を称し、信廣の祖父利道《としみち》や曾祖父定国《さだくに》は上杉氏の直臣だったが、天文一五年（一五四六）の河越合戦で北条氏に敗れて討ち死にした。戦場をのがれてうつり住んだ所沢の地で、斎藤信廣は、弘治三年（一五五七）一〇月一六日に武運を祈って神体の軍鎌を社檀の下に埋納したという。鎌倉浄妙寺に発した鎌埋めの物語は、関東管領上杉氏の旧臣たちの間で、たしかに生きつづけていたのである。

武家の都鎌倉における鎌倉公方や関東管領上杉氏の鎌足と勝軍地蔵への信仰は、戦国乱世を生きた武蔵武士たちの間に脈々と受けつがれていたのである。伊勢清峯社の藤原鎌足像は、彼らの鎌倉への想いの結晶なのかもしれない。

崇仏

在俗の仏教者

維摩居士像の系譜

病にたおれた仏教者

冬一〇月一〇日、天智天皇は藤原内大臣鎌足の家に行幸され、みずから鎌足の病をお見舞いになった。だが内大臣は憔悴しきっていた。そこで天皇は詔して「天道は仁者をたすける。どうしてそれにうそがあろうか。積善は余慶をもたらす。やはりこれもそのしるしがないはずがない。もし必要なことがあれば、すぐに申し出るがよい」と仰せられた。内大臣は、「わたしはまったく愚か者です。申し上げることなどありません。ただ葬儀は簡素なものにしてください。生きていても国の軍事に責務をはたしてもおりません。この上、わが死に際してまでお手をわずらわすことはできません」と申し上げた。時の賢人はこれを聞いて賞賛した。

「このひとことは、先哲の善言にも比肩しよう」。

一五日、天皇は東宮大皇弟大海人《おおあま》皇子を内大臣の家に遣わして、大織冠と大臣の位をさずけられた。また姓をあたえて藤原氏とされた。これ以降、通称を藤原内大臣といった。

『日本書紀』天智天皇八年（六六九）一〇月条は、清廉にしてしずかな老臣の晩節を描いて秀逸である。天皇がたったひとりの臣下のために邸宅まで見舞いにゆくという美談であるからばかりではない。それは、『日本書紀』編纂にかかわったであろう鎌足の子孫たちにとっては、藤原姓が誕生し、「大織冠」が鎌足の別称となった記念碑的事件であった。しかも、天智天皇に見舞いをうける鎌足の姿は、後世にまったく別の人物イメージへと接続してゆくことになる。維摩居士《ゆいまこじ》である。

古代インド・毘耶離《ヴァイシャーリー》城の主である維摩居士（浄名大士《じようみようだいし》・金粟如来《こんぞくにょらい》）は、在俗の富裕の仏教者として尊崇され、その思想は『維摩経』として今に伝えられている。『維摩経』とは、毘耶離城方丈において病にふせる維摩が、釈迦の命を帯びて見舞いにあらわれた文殊菩薩とはげしく問答をまじえた際の経典である。天智天皇の行幸とは、まさに『維摩経』の風景のなぞらえにほかならない。鎌足を見舞う天智天皇の姿は、維摩を見舞う文殊の再現であった。いわば天智天皇は文殊菩薩であり、藤原鎌足は維摩居士であった。

それは、偶然のなぞらえではない。インドの釈迦が開いた教えが、中国大陸から朝鮮半島をへてはるかなる東のはての国日本に伝来して一〇〇年あまり。鎌足が生きた時代は、すでに飛鳥の地に仏教文化が花開き、こののち仏法をもって王法を守護する鎮護国家の思想へと昇華してゆく過渡期にあたる。鎌足もまた仏教への深い帰依の念をもつ為政者として、生前の熱烈な維摩崇拝が伝えられている。たとえば、一一世紀につくられた『扶桑略記《ふそうりゃくき》』によれば、斉明二年（六五六）、病をえた鎌足が百済禅尼《くだらのぜんに》法明《ほうみょう》から維摩経の読誦《どくじゅ》をすすめられたところ、たちどころに癒えた。翌年、鎌足は山城陶原《すえはら》の家に精舎《しょうじゃ》（のちの興福寺）を建てて、維摩会を創始したとされる。

しかも、仏教の黎明期にいちはやく広まった維摩の教えは、鎌足の死後いっそう甚大な影響をおよぼし、後世に豊かなイメージを生み出してゆくことになる。ここでは、維摩居士を介した鎌足の歴史的イメージの広がりについて考えてみることにしよう。

脇息にもたれる老翁

昔、インドの毘耶離に維摩という富裕の者がいた。深い善をつみ、真理をさとり、すぐれた弁舌と神通を駆使して、在俗にあって仏と同じように立ち居ふるまい、心のおおらかなること大海のようであった。

あるとき維摩は病の床にふした。釈迦は、並みいる弟子や菩薩たちことごとくに見舞いを命じたが、だれひとりその任にたえないといって応じない。そこで最後に文殊菩薩がたずねることとなり、八〇〇〇人の菩薩や五〇〇〇人の弟子たちがこれにつきしたがった。毘耶離城方丈にて――。

文殊「あなたの病気はどこからおこってきたのですか。」

維摩「無知な愚かさとものに対する貪りの心とから、わたしの病気が生じました。だれもが病気にかかっているものですから、わたしも病気になりました。もしだれも病気にかからないでいられるなら、そのときわたしの病気もなくなりましょう」

維摩「みなさん。菩薩はどのようにして相対の差別をこえた絶対平等の境地、すなわち不二法門《ふにほうもん》に入るのでしょうか」

文殊「わたしの考えでは、すべてのものにおいて言葉もなく、説くこともしめすことも認知することもなく、いっさいの問いと答えを離れることが、絶対平等の境地に入ることだと思います。さて、わたしたちはそれぞれ自分の考えを述べてしまいました。あなたの話す番です。どのようにして菩薩は不二法門に入りますか」

図36　「維摩居士像」（京都国立博物館所蔵）

維摩は黙然《もくねん》して、ひとことも発しない。

文殊「すばらしい。ほんとうにすばらしい。ほんのわずかな、文字ひとつ言葉ひとつない。これこそ不二法門に入るということです」

維摩の教えは、よく「不二法門」という言葉で特徴づけられている。生と滅、垢と浄、善と不善、世間と出世間、我と無我、生死と涅槃、煩悩と菩提。たがいに相反するふたつのものが、実は別々に存在するのではない。その絶対平等の境地に入るための極意。「維摩の一黙、雷のごとし」。

その沈黙の教えは、脇息《きょうそく》にもたれる老翁像として図像化された。たとえば、京都国立博物館や京都東福寺所蔵の「維摩図」では、脇息に腕をのせて上体をもたれ、麈尾《しゅび》か払子《ほっす》をもつもう一方の腕を立てた片膝の上におき、口をかたくむすんだ沈黙の老翁として描かれている。同様の特徴は、はやく奈良時代につくられた法隆寺五重塔の塑像や石山寺、延暦寺（旧青龍寺）所蔵の木像にもみることができる。こうした維摩イメージは、禅宗の空《くう》の思想ともむすびつきながら、より広く中近世の日本社会に浸透していくことになる。

なかでも、万葉の歌聖柿本人麿《かきのもとひとまろ》像は、維摩居士になぞらえられた代表的な肖像画である。人麿が脇息にもたれてななめ上方を仰ぎみて苦吟するポーズは、やがて歌人の定番の図像として定着する。そして、一五世紀の連歌師飯尾宗祇《いいおそうぎ》や牡丹花《ぼたんか》肖柏《しょうはく》の肖像画など、あらたな歌人たちの肖像へと増殖していった。

歌人たちばかりではない。維摩居士に擬せられた肖像は思いのほか多く、その影響ははかり知れないほど大きい。はやい例では、大和文華館所蔵文清筆「維摩図」があげられる

図37　「柿本人麿像」（京都国立博物館所蔵）

だろう。本図は一見したところ、脇息にもたれる維摩の半身像であるが、讃文を読めば、室町幕府の奉公衆荒川詮氏《あらかわあきうじ》という人物の肖像画としてつくられたものであったことがわかる。また栃木県長林寺所蔵「長尾景長《ながおかげなが》（一四六九〜一五二八）像」は、脇息にもたれて団扇をとる法体《ほったい》の肖像画で、その姿は明らかに維摩図を意識している。

図38　「職人尽図屏風」藁細工
（喜多院所蔵）

さらに、脇息にもたれる肖像画は、近世初期の文化人サロンの間で一大ムーブメントをまきおこしていたようだ。彼らにとって維摩図は、禅宗の黙然の思想を受け継ぎながらも、より広く隠逸《いんいつ》へのあこがれをあらわす定型としてとり入れられていったのである。大名では黒田如水《くろだじょすい》や松浦隆信《まつらたかのぶ》や水野勝成《みずのかつなり》、儒学者の藤原惺窩《せいか》、俳諧の松永貞徳《まつながていとく》、小堀遠州《こぼりえんしゅう》や松《しょう》花堂《かどう》昭乗《しょうじょう》といった文化人たち、豪商の嶋井宗室《しまいそうしつ》など、この時期の肖像画なら枚挙に暇がない。さらに、「彦根屏風」や喜多院「職人尽図屏風」の藁細工など、風俗画や職人尽絵などへも多大な影響をあたえて、江戸時代を通じて広まりをみせてゆくことになる。

脇息にもたれる隠逸の老翁維摩居士。維摩へのあこがれに発したなぞらえが、中近世絵画のさまざまな位相で生起していたのである。

真俗不二

維摩居士は、なぜこれほどまでにもてはやされたのだろうか。

「真俗不二」。維摩信仰の真髄をあらわす言葉である。聖（真）と俗。相反するふたつの世界は、ふたつであってふたつでない。俗は真にして、真は俗なり。維摩居士は、在俗にあって仏教への深い帰依の念をいだく聖人であった。だから、維摩とは、俗なる世界に属する者が聖なる世界に対峙する姿の理想とされた。維摩信仰が、聖徳太子をはじめとして、数多くの武士や文化人といった在俗の人びとの間でもてはやされたのは、こうした事情によるものであった。

藤原鎌足もまたしかりである。鎌足が維摩居士の生まれかわりであることをはじめて明記した史料は、保元三年（一一五八）「興福寺衆僧申状案」である。ここでは、藤原氏の氏寺興福寺における維摩会の創始を鎌足の功績としてたたえ、鎌足を維摩居士の権化であるとしている。ついで、鎌足の墓所がある多武峯談山神社でも、一三世紀初頭の『多武峯略記』や『多武峯縁起』のなかで維摩居士を鎌足の本地とする説がみえるようになる。しかも、寛正四年（一四六三）に多武峯でつくられた『談山権現講私記』になると、鎌足の功績が「真俗の冥合《みょうごう》」「真俗一味」をもって賛美されているのである。

興福寺と多武峯は、鎌足像を制作し、鎌足の忌日に維摩会をとり行なう二大拠点であった。興福寺の維摩会は、鎌足の講経から三〇年ほどのちに息子の不比等によって再興され、いくたびかの断絶をへながらも、南京三会《なんきょうさんえ》のひとつとして継承されてゆく。多武峯の維摩会は、同じく鎌足の息子であった定恵《じょうえ》によって講経され、一〇世紀末ころに増賀《ぞうが》の講経などによって恒例化していった。両寺は、鎌足維摩化身説を生み出してゆく共通の文化的土壌にあったのである。

元徳三年（一三三一）ころの「妙楽寺（多武峯）牒案」によれば、定恵が開いた多武峯と不比等が創建した興福寺は、「連枝《れんし》」によってつくられた「魚水《ぎょすい》」や「膠漆《こうしつ》」にたとえられるほどに深い因縁をもつとされている。鎌足ゆかりの鎮護国家と仏法興隆の拠点として、多武峯と興福寺が両輪に位置づけられ、定恵と不比等というふたりの子息が意味づけられているのである。

この両輪をなすふたつの寺院を開いた鎌足の息子たちこそは、「真俗不二」の体現者であった。

鎌足の長男として生まれた定恵の生涯は、なぞにつつまれている。定恵は、若くして出家し、鎌足の死後に唐から帰朝すると、その遺骸を安威山《あいやま》から多武峯に改葬して十三重の塔をたて、三間四面の堂を建立して多武峯妙楽寺を開いたという。他方、藤原不比等は、鎌足亡き後の律令政治の確立に尽力し、天皇との関係を強化して、藤原氏繁栄の基礎を築

図39　一条兼良讃「多武峯曼荼羅」
（談山神社所蔵）

いた人物である。謡曲『海女』の主人公ともされ、氏寺興福寺を創建した人物としても知られている。

一五世紀後半につくられた談山神社所蔵「多武峯曼荼羅」の上部には、前関白で当代随一の学者とたたえられた一条兼良《かねよし》によって書かれた讃文がある。「夢まぼろしのごとく出現したひとりの老人と、真俗の世界に生きるふたりの子息が永遠にきらめき輝いている。ふたりの子息とは、淡海公藤原不比等と談山定恵師のことである」。「真俗不二」の教えはほかならぬ鎌足のふたりの子息である定恵と不比等によって具現化されている、と兼良はいうのである。

「多武峯曼荼羅」をみてみよう。画面には、鎌足と定恵、不比等の三人の親子が一幅の絵画に描かれている。三人の配置をみると、後方の一畳分の上畳に鎌足がひとりで、前方のもう一枚の上畳に定恵と不比等のふたりがならんで座している。だから、二枚の上畳は、鎌足とふたりの子息という世代を分節する境界として機能していることになる。上畳によって区分されているのは、鎌足と定恵・不比等というふたつの世代だけではない。鎌足の背後には、藤原氏の始源である春日神をあらわす松にからまる藤の障壁画がある。

この絵の前には、おそらく「多武峯曼荼羅」を所持し、この絵をみたであろう鎌足の子孫たちがいたはずだ。藤原氏の子弟たちは、俗界にあっては朝廷内の官位官職をきわめあるいは独占し、聖（真）界にあっては有力寺社で昇進をとげて、真俗両世界を支配していった者たちである。

つまり、「多武峯曼荼羅」には、俗界の子孫という、上畳によって分節された四つの世代からなる藤原氏の系脈が表現されていることになる。「多武峯曼荼羅」とは、いわば系図なのである。「多武峯曼荼羅」は、鎌足なきあとの系譜上の真（聖）・俗両世界で活躍し

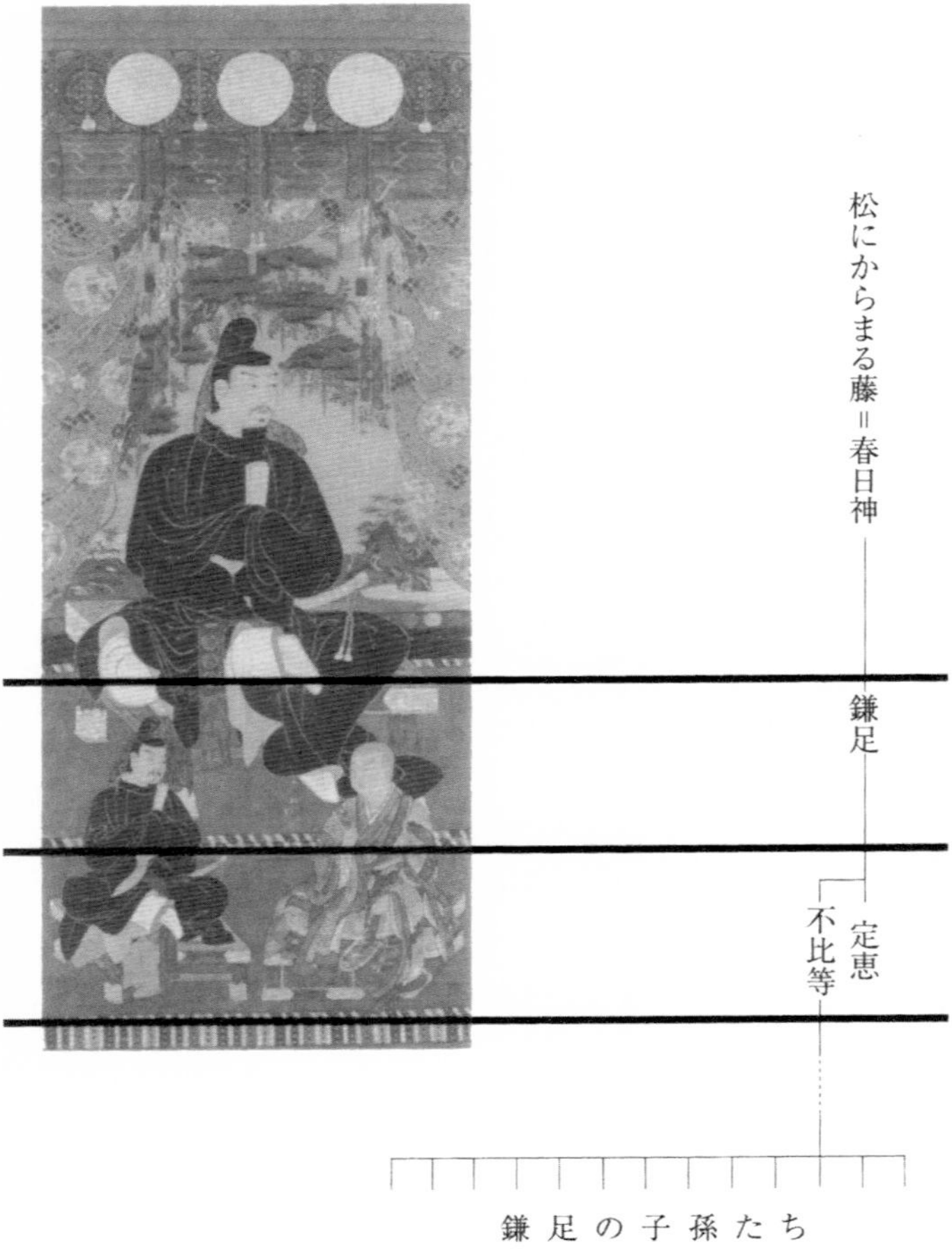

図40　「多武峯曼荼羅」の構造

たふたりの子息を描き加えることによって、鎌足以降にその両世界の興隆につとめる「真俗不二」の氏族藤原氏の血統とその繁栄への祈願がこめられた絵画であった。

もうひとつの維摩像

中世日本において藤原鎌足とともに描かれた三種の維摩居士像群がある。それらの維摩は、脇息にもたれることなく、矍鑠《かくしやく》と背筋をのばした老翁である。これらの図像をみれば、脇息にもたれる維摩のイメージが日本における維摩居士の造形の歴史の氷山の一角にすぎないことを思い知らされる。それは鎌足維摩化身説の絵画化であり、日本における維摩像の造形のもうひとつの重要な系譜をなすものと考えられる。三種のタイプの維摩像を簡単にみておくことにしよう。

第一のタイプは、口をあけ、逆手に麈尾をそえてもち、衣は大きく胸をはだけて帯は腹部に大きなむすび目をつくり、床几《しようぎ》にくつろぎ片膝を立てて両足を投げ出し、脱いだ靴が描かれている。口をかたくとじて黙然するのではなく、厳しい顔つきで口角つばを飛ばすほどに歯をみせてはげしく教説を説く老翁の姿が図像化されている。それは、晩唐の維摩変相壁画の影響を強くうけた絵画であった。

たとえば、東京国立博物館所蔵「維摩・鎌足像」は、画面の上部に右向きの維摩居士、左下に左向きの鎌足を描く。維摩は、床几の上で上体をおこし、右足膝をやや立て気味に

図41　「維摩・鎌足像」（東京国立博物館所蔵）

にぎっている。

安座している。白い頭巾に、黒く長いあごひげと眉じりは長くたれ、苦渋の表情で開口している。右手は長い爪をもつ第二・三指をひねり気味に立て、左手は膝もとで麈尾を逆手にぎっている。

第二のタイプでは、対照的に口をとじ、順手に如意を持し、衣はきっちり着こなされ帯は長くたれ、宣字座《せんじざ》に結跏《けっか》した足先はみえず、靴も描かれていない。

たとえば、談山神社所蔵で「一山衆護持之本」とよばれる藤原鎌足像は、上部に御簾《みす》や戸帳《とばり》や神鏡がなく、定恵にかわって維摩居士を配置している点で「多武峯曼荼羅」と異なる。画面右下方に描かれた維摩居士は、白髪で長い白髭をたくわえた老相で、口をむすび切れ長の目をしている。長い爪をもつ右手指に軽くはさむようにして如意がにぎられ、左手は膝もとに下ろして第二・三指をのばす。

このタイプの図像を特徴づけているのは如意である。如意をもつ維摩像は、もともと興福寺で行なわれた維摩会の本尊であったようだ。というのも、興福寺講堂や同東金堂や法華寺所蔵の維摩木像に如意をみることができるからである。鎌倉初期につくられた京都国立博物館所蔵「興福寺曼荼羅」には、如意をささえもつ講堂維摩像が描かれており、その後につくられたいくつかの「春日社寺曼荼羅」にも確認できる。近世以降も狩野興以《かのうこうい》筆

図43 「一山護持之本」の維摩居士像（東京大学史料編纂所所蔵）

図42 「一山護持之本」（談山神社所蔵）

図44 「維摩居士像」(興福寺東金堂所蔵)

図45 「興福寺曼荼羅」の講堂維摩像(京都国立博物館所蔵)

「維摩図」にひきつがれているし、京都詩仙堂所蔵の狩野探幽《たんゆう》筆「石川丈山《いしかわじょうざん》像」や個人蔵の馬塹天鬼筆「天龍道人《てんりゅうどうじん》像」は、如意をもつ維摩に擬せられた肖像画と考えられる。脇息にもたれて黙然する老翁とはまったく異なる維摩像が、たしかに連綿と伝えられていたのである。

第三のタイプは、一〇世紀に多武峯で隠棲した遁世僧増賀をめぐる伝承から創造された。一一世紀初頭につくられた『増賀上人夢記《ぞうがしょうにんゆめのき》』をみてみよう。

天暦二年（九四八）八月二日の夜、増賀上人が夢をみた。川をつたって山深い幽谷にわけ入ると、突然眼前に伽藍のあとがあらわれた。廃寺となって久しく、僧たちの屍《しかばね》があるのみである。寺域の西南の隅に縦横一丈あまりの平地があって、みるとそこに老翁が立っている。頭に青き冠をいただき、身に赤き皮衣をかけ、左手に経巻をもち、右手に仙杖《せんじょう》をたずさえ、天女や天童たちが前後につきしたがっている。増賀上人は「あなたはだれですか」とたずねると、老翁は答えた。「わたしは毘耶離城の居士である。ここに棲んで一〇〇〇年あまりになるけれども、衆生《しゅじょう》を教えみちびくことはつきない。この地に住む者は多くの仏の智恵をさとることであろう。おまえは浄土に暮らすことをのぞんでいるのならば、ここでそのこころざしをとげなさい」。老翁はそ

図46　『多武峯縁起絵巻』の維摩居士像

う語りおえると忽然とかき消えた。夢からさめてのち、一五年ほどの歳月がながれた。応和三年（九六三）七月、如覚《にょかく》のすすめにしたがってはじめて多武峯に入山してみると、昔みた夢と同じ風景が広がっていた。そこで、かつて居士が住んでいた場所に三間一面の草庵をむすんで暮らすことにしたという。

青き冠をいただき、赤き皮衣をまとい、左手に経巻、右手に仙杖をにぎる老翁。そこに不二法門の思想を見いだすことはできない。増賀の維摩信仰は、まったくあたらしい維摩像の生成に重要な影響をあたえていたようだ。

増賀が多武峯ではじめて維摩経を講経したのは、天延二年（九七四）のこと。このころ、増賀の暮らす住房の前に一本の松の樹があった。ときどき深夜になると、この松の樹の上から声がする。その声によくよく耳をかたむけてみると、『大集経《だいじつきょう》』を読誦しているらしい。人びとはその声の主をあやしんだが、やはり影もかたちもみえない。そこで、増賀はこの松の樹で維摩居士の木像をつくることにしたという。

『多武峯略記』静胤本に書かれている多武峯講堂にあった維摩像の造像譚。松の一木からけずりとられたのは、増賀が夢にみた維摩居士像であったにちがいない。それは、多武峯という霊地に一〇〇〇年にわたって棲まう地主神の姿であった。さらに、そのイメージは、役行者のような伝説的修験者や園城寺《おんじょうじ》の守護神新羅明神《しんらみょうじん》へも波及してゆくのである。

新羅明神像の変身

円珍の遺言

はるかなる波濤をこえて入唐した天台僧円珍《えんちん》が、唐商人の船で帰国をはたしたのは天安二年（八五八）のこと。帰途についた円珍の船中には、今にも沈もうとする夕日のもとで、五色の雲がたなびき、えもいわれぬ異香がただよっていた。そのとき、突如として波間からひとりの老翁があらわれる。老翁は、円珍に伝えられた経法を永遠に守護することを誓い、円珍を引導して三井寺《みいでら》園城寺の伽藍を開創させた。老翁の名を新羅明神という。

三井寺園城寺は、滋賀県大津市、琵琶湖畔の要衝にたつ天台宗寺院である。寺伝によれば、かつて近江大津京を造営した天智天皇は、念持仏の弥勒菩薩像を本尊とする寺を建立しようとしたがはたせず、その子の大友皇子（弘文天皇）も壬申の乱で大海人皇子との後継争いに敗れて死去。大友皇子の子である大友与多王は、天智天皇所持の弥勒像を本尊とする寺の建立を発願して、朱鳥元年（六八六）に天武天皇から「園城寺」の寺号をあたえられたという。またこの寺からわき出る泉が天智・天武・持統の三代の天皇の産湯としてつかわれたことから「三井寺」ともいわれた。

それから約二〇〇年後、九世紀に園城寺を再興した円珍が新羅明神像をつくったとき、次のように言い残したという。「世の末にのぞんで、もし新羅明神像を紛失した場合は、大織冠の像容にしたがってつくり安置しなさい」。なぜなら、「一説には新羅明神の本地は浄名大士、すなわち維摩居士だから」だという。この円珍の遺言は、康永三年（一三四四）三月の『寺徳集《じとくしゅう》』や南北朝期成立の『園城寺伝記』に書きとどめられている。もちろんこのような説明は、円珍が実際に言い残したものとは考えにくいから、ふたつの寺誌が成立する以前のそう遠くない時期に発生したものにちがいない。一四世紀ころ、新羅明神と藤原鎌足は維摩居士の化身・垂迹《すいじゃく》（仮の姿であらわれたもの）であるという主張によってつながっていたのである。

たしかに新羅明神像と藤原鎌足像は、はやくからよく似た図像イメージをもっていたら

図47　「新羅明神像」（園城寺所蔵）

図48　「多武峯曼荼羅」
（奈良国立博物館所蔵）

しい。

新羅明神像は、平安後期にさかのぼる園城寺新羅善神堂所蔵の木像のほか、「新羅明神像」として描かれたものや「熊野曼荼羅図」のなかに配置されたものなど、四〇点近く現存している。なかでも代表的なものは、園城寺に伝わる鎌倉後期の絵画である。新羅明神は、錫杖《しやくじよう》と経巻をもつ唐服の老人姿で、胡床《あぐら》に半跏に座している。その左下方には束帯《そくたい》姿の火御子《ひのみこ》、右下には童子形の般若《はんにや》・宿王菩薩が布置されている。

一見したところ、藤原鎌足像と新羅明神像は、片足を膝もと近くまでふみ上げて椅子に座す独特な半跏のスタイルと、二等辺三角形状の人物配置をもつ点で共通する特徴をもっていたことがわかる。また経巻と杖をもつ点では、増賀が夢にみた多武峯の維摩居士像ともよく似ている。増賀を多武峯にみちびいた維摩が、円珍を園城寺にみちびいた新羅明神に重ね合わされ、維摩の化身である鎌足とむすびつけられたのかもしれない。

新羅明神と赤山明神

こうした新羅明神の像容は、一四世紀の寺誌成立以前から定着していたものと思われる。ならば、どうして一四世紀になって両者がむすびつけられたのだろうか。

手がかりは、当時、新羅明神とはライバル関係にあった赤山《せきざん》明神という神さまにある。

比叡山延暦寺の守護神である赤山明神は、新羅明神との間でいずれが本社・末社であるかをめぐって紛糾していた。その背景には、園城寺と延暦寺との間の本寺末寺論争がある。円珍の死後、園城寺の僧たちは寺門派を称して、延暦寺（山門派）からの分離独立を試みていた。鎌倉時代に入ると、園城寺は、延暦寺からの三摩耶戒《さんまやかい》の戒壇《かいだん》（正式に僧となるための授戒《じゅかい》の場）独立をくりかえし、それをゆるさない延暦寺との対立を深めていた。新羅明神と赤山明神のうちどちらが本社であるかという問題は、それぞれが守護する寺門派園城寺と山門派延暦寺のどちらが本寺であるかという問題に直結していたのである。

新羅明神と赤山明神。ふたつの神は、史料の上ではきわめて対照的な登場のしかたをしていた。

新羅明神の場合、多くの縁起譚や祭礼が一二世紀に集中している。新羅明神がその神威を急速に成熟させていった院政期（一二世紀）こそが、半跏像という新羅明神像の図像の定着期だったのかもしれない。他方、赤山明神は一〇世紀に若干の記事がみられるものの、その後いったん史料上から姿を消してしまう。そして、はじめて赤山祭や神輿動座が行なわれるなど、ふたたび目立ったうごきをみせるのは一三世紀も半ばをすぎてからのことであった。赤山明神が歴史の表舞台に本格的に登場したのは、園城寺と延暦寺の本末論争が

図49 「山王垂迹曼荼羅図」の赤山明神像（西教寺所蔵）

激化していた鎌倉後期（一三世紀）のことだったのである。

こうした鎌倉後期における赤山明神の再浮上が、ライバル新羅明神に対抗するためだったことはまちがいない。というのも、鎌倉後期の赤山明神は、図像の上でも新羅明神とライバル関係にあったと考えられるからである。

赤山明神を描いた図像は一〇点ほどしか確認できず、鎌倉前期以前にさかのぼりうるものがみつかっていない。それでも、ほとんど唯一、鎌倉時代にさかのぼりうるのが、西教寺所蔵「山王垂迹曼荼羅図」に描かれた赤山明神像である。それは、黒く長いひげをたくわえ、赤い衣をまとい、笏をもって左足をふみ上げた半跏像である。鎌倉後期の赤山明神像は、新羅明神像や藤原鎌足像と同じ半跏像だったのである。

文献史料をみても、平安中期の『卅《さんじゅう》五《ご》文集《ぶんしゅう》』には「表衣・笏」の記載があるだけだし、一四世紀の『日吉山王利生記《ひえさんのうりしょうき》』や『太平記』になると弓箭《きゅうせん》をもつ赤衣の老翁像として登場する。赤山明神が半跏であったことをしめす図像も言説も、西教寺所蔵本の前にも後にも存在しないことになる。ならば、鎌倉後期の赤山明神像だけが、新羅明神像と同じ半跏像へと変容をとげていたと考えるほかあるまい。それは、赤山明神が新羅明神に対抗すべく一定の図像的すりよりをみせた結果として理解できそうである。

赤山明神は、鎌倉後期（一三世紀）になって寺門・山門本末論争のなかで社会的浮上をとげて、半跏像へと変容していた。新羅明神像は院政期（一二世紀）以前から半跏像だったと考えられるが、こうしたライバル赤山明神の動向に対抗すべく、その図像を説明するあらたな主張が必要とされたのではないか。そこで登場したのが、「新羅明神を鎌足のごとくつくれ」という円珍の遺言だったのではあるまいか。

それにしても、なぜ新羅明神は、その図像のモデルを鎌足に仮託したのだろうか。

近江京の記憶

それは、園城寺の草創の記憶と鎌足の生きた時代とが重ね合わされたからにちがいない。園城寺がたつ琵琶湖西南地域は、かつてこの地に都がおかれた歴史をもっている。近江大津京。天智天皇と藤原鎌足によって造営された宮城である。それは天智朝の記憶とわかちがたくむすびついている。延暦寺との抗争のなかで、天智天皇や鎌足と深いかかわりをもつ園城寺草創の記憶が、園城寺と王法との強固な関係をしめす根拠として強調されていったのではないか。

園城寺の本尊である生身《しょうじん》弥勒菩薩像は、三国伝来の尊像で、仏教が伝来して以来、代々の天皇に伝えられ、天智天皇が生前に髻《もとどり》にこめていた念持仏であった。この天智天皇の本尊弥勒を守護する新羅明神は、天智天皇を輔佐する鎌足にゆかりのものでなくてはなるまい。一四世紀につくられた『園城寺伝記』は、金堂の生身弥勒本尊について述べたのち、累世君臣奉納の弥勒のひとつとして鎌足本尊の弥勒に特別な意味づけをほどこしている。鎌足本尊の弥勒は、園城寺に円珍を迎え入れた教侍《きょうじ》和尚の念持仏と不二一体のものであったとされ、天智天皇の孫にあたる光仁天皇の宣旨《せんじ》や藤氏長者宣をそえて園城寺に送られたという。

また中世の新羅明神社は、社司大友氏によって代々管理されていた。新羅社司大友氏は、壬申の乱で敗死した大友皇子の子孫を自称する一族であった。一五世紀初頭に完成した『新羅明神記』はいう。「大友皇子の孫で、園城寺を開いた大友与多王の子にあたる都堵牟《つとむ》麻呂《まろ》が一四七歳のとき、はじめて円珍を迎え入れた。その子孫たちは、新羅明神との応験《おうけん》をはたして新羅社司となり、代々一〇〇歳をこえる長寿を誇った」と。しかし実は、この大友氏は、大友皇子とはなんら血縁関係のない近江国甲賀郡の渡来系氏族であったらしい。園城寺は、もともとこの大友氏が建立した比較的小規模な氏寺で、九世紀に円珍を迎えて再興をはたした。のちに新羅社司となった大友氏は、「大友」という呼称の一致から大友皇子を先祖にあおぎ、「三井寺」を三代の天皇の勅願寺《ちょくがんじ》と標榜した。社司大友氏がほんとうの子孫ではなかったからなおのこと強調されたのだ。また延暦寺との確執のなかで園城寺の優越性を担保する必要もあったからである。

図50　弓矢をもつ赤山明神像（浄土院所蔵）

さらにいえば、天智天皇がねむる山《やま》科陵《しなのみささぎ》は、一三世紀に入ってさかんに鳴動をくりかえすようになる。園城寺が天智朝時代の人びととの関係をアピールしたのは、こうした山科陵のうごきとも関係するかもしれない。

その後の歴史を追っておこう。

新羅明神像と赤山明神像は、鎌倉後

期に半跏像として接近したが、南北朝期以降の両者の図像では、以前ほどには共通の特徴を見いだしにくい。赤山明神像は、それまでの笏をもつ半跏像から弓箭をもつ結跏座像へがらりと変容をとげてしまう。室町時代の赤山明神は、延暦寺を守護する日吉山王の神々のなかでも下位にあまんじて、その神威を高めるパトロンもないまま、しずかに忘れ去られていったようである。

対照的に、新羅明神像は、寺誌の成立以前からの半跏のポーズをその後も継承してゆく。加えて鎌倉後期には、赤山明神像にはない三尊型式へと変化をとげて、鎌足像へのさらなる接近をはたしていった。こののち新羅社は、九三五年に滅亡した新羅という異国の祖神をまつる神社として全国各地に伝播していったことが明らかになっている。加えて、園城寺新羅明神は、一一世紀の新羅三郎義光にはじまる新羅源氏の精神的支柱ともなっていった。

園城寺の門跡《もんぜき》のひとつである聖護院《しょうごいん》に、室町初期に制作された「熊野曼荼羅図《くまのまんだらず》」がある。画面左中部分にある俗人像は、黒い朝服《ちょうふく》に身をつつみ、右足を膝もとに上げ左足を垂下する半跏のポーズで椅子に左向きに座している。この人物は「熊野曼荼羅図」に描かれているから、新羅明神を描いたものであるはずである。けれども、その図像はむしろ鎌

左中部の俗人像

図51　「熊野曼荼羅図」（聖護院所蔵）

足像といってもおかしくない特徴をもっている。

どうやら「新羅明神を鎌足のごとくつくれ」という円珍の遺言は、一四世紀の寺誌の言説にとどまらなかったようだ。新羅明神像と鎌足像の接近は、一五世紀にいたって極限値にまで到達していたのである。

豊臣秀長とまぼろしの宗教構想

奈良興福寺多聞院の院主であった英俊《えいしゅん》は、天正一一年（一五八三）正月一七、八日ころ、ある奇妙なうわさを耳にした。多武峯にいるはずの藤原鎌足の神霊が、火の玉となって大和郡山にとび移ったという。まさかこれが二年後に現実のものになるとは、このときだれも想像だにしなかっただろう。

「新多武峯」の成立

天正一三年（一五八五）七月、羽柴秀吉は関白に就任し、一二月には五摂家にならぶあらたな「豊臣《とよとみ》」の家を創出した。当初、近衛前久《このえさきひさ》の猶子《ゆうし》として藤原姓を称した秀吉は、氏族の始祖藤原鎌足をまつる大和多武峯の支配に着手する。

本能寺の変で織田信長が急死をとげたのち、後継者レースを勝ちぬいた羽柴秀吉が天下

図52　大織冠宮（鎌足神社）

人としての地歩をかためつつあった。このころ、多武峯は、青蓮院宮《しょうれんいんのみや》尊朝《そんちょう》法親王《ほっしんのう》を通じて朝廷から寺領安堵の朱印を獲得すべく奔走していた。しかし、朝廷の権威に生き残りの道をもとめた多武峯のもくろみは、関白秀吉によって完全ににぎりつぶされてしまう。天正一三年（一五八五）三月に紀州征伐をはたした秀吉は、閏八月二五日に多武峯に対して「一山僧俗法度」の改定を指示し、刀狩令によって僧兵たちの武装解除を断行。九月三日、秀吉は弟秀長《ひでなが》とともに、今後の大和国支配の拠点となる大和郡山城《こおりやまじょう》に入城し、翌日には多武峯の郡山下山を決定したのである。

　あらたに大和国主として入国した羽柴秀

長は、郡山築城と城下町の整備にとりかかる。秀長による一連の都市整備事業のなかで、大織冠社は、秀長の本拠を守護する鎮守としての役割を期待されることになる。郡山城の西方に位置する犬伏山に二〇あまりの坊舎や院宇が造営され、天正一五年（一五八七）一一月には神殿が落成。翌天正一六年（一五八八）三月の後陽成天皇綸旨《りんじ》をうけて、四月三日に多武峯聖霊院《しょうりょういん》に安置されていた鎌足の木像の郡山遷座がとり行なわれた。この地は、もとあった多武峯談山神社と区別して「新峯」「新寺」「新多武峯」とよびならわされた。

他方、京都では、天正一四年（一五八六）から「新大仏」の建立が構想されていた。「新多武峯」遷座が行なわれた天正一六年（一五八八）夏は、のちの京都方広寺大仏が本格的に着工する時期にかさなる。「新多武峯」とは、この「新大仏」（のちの「新八幡社」・豊国大明神社）と一対の造営事業であったと考えられる。摂関家の始祖＝多武峯の藤原鎌足と鎮護国家の教主＝東大寺の大仏をふたつながらにうつし、大和郡山の「新多武峯」と京都の「新大仏」という、豊臣政権によるあらたな宗教秩序が構想されていたのである。

京都「新大仏」の秀吉を主人とするならば、大和郡山「新多武峯」の秀長は無二の輔佐役であった。ルイス・フロイスによれば、天正一四年（一五八六）三月に秀吉が秀長への日本国禅譲を表明したとされる。同年四月六日づけ「大友宗麟《そうりん》書状」に「公儀の事は宰相（秀長）

相存じ候」とあるように、「公儀」をつかさどる秀長は、「内々の儀」を管掌する千利休とともに豊臣政権をささえる屋台骨であった。『多聞院日記』同年一〇月八日条によれば、奈良では「秀吉は新王になり、秀長が関白になる」といううわさがたっていた。当時、秀吉とその名代たる秀長を中心とする枢軸体制が構想されていたことがわかる。

また秀長は、藤原氏の氏神である奈良春日社を篤く崇敬していた。大和入国以来、秀長の春日社参詣は約二〇回を数える。天正一六年（一五八八）に後陽成天皇が秀吉のいる聚《じゅ》楽第《らくだい》に行幸したとき、秀長が詠じた和歌がある。「かけてけふ行幸をまつの藤なみのゆかりうれしき華の色かな」。秀長は、「松にかかれる藤浪《ふじなみ》（天皇を輔佐する藤原摂関家）」との因縁に自覚的であった。

こうした豊臣政権内における秀長の立場をみるに、「新多武峯」とは、天皇輔佐を任じる藤原摂関家の始祖を膝下にまつることで、秀長が秀吉の輔佐者であることを内外に知らしめる政治的メッセージではなかったか。豊臣秀長による大和郡山「新多武峯」遷座は、秀吉による京都「新大仏」建立事業と対をなして、豊臣政権の政治秩序を宗教的に補完するものであったと考えられる。

秀長は、いわば豊臣政権における藤原鎌足であった。

けれども、「新多武峯」遷座後、郡山城中は不吉な鳴動をくりかえすようになる。ほどなくして、秀長の妻女や大政所《おおまんどころ》につづき、秀長みずからも病にたおれてしまう。

大織冠像と善光寺如来像

天正一八年（一五九〇）三月三日、小田原征伐を前にした秀吉が、暇乞《いとまご》いのために郡山で病床にふす秀長のもとへ立ち寄っている。秀長は、病の身を押して郡山城門前に兄を出迎えている。また同年一〇月一九日には、はれて天下統一なった秀吉がふたたび郡山へおもむき、春日社に五〇〇〇石を寄進して秀長の平癒を祈願している。それはまたしても、かつて天智天皇が病中の藤原鎌足邸へ行幸した姿を彷彿とさせる。病にふせる秀長は維摩居士であり、見舞いにたずねた秀吉は文殊菩薩でもあるというわけだ。

しかし、秀吉の見舞いも、祈禱も効果がなかった。あいつぐ凶事は鎌足のたたりだというわさがまことしやかにささやかれ、同年一二月二八日に鎌足像の多武峯帰山が命じられた。豊臣大和大納言羽柴秀長が郡山城内で死去したのは、それからひと月たらずの天正一九年（一五九一）正月二二日のことであった。同月二九日の秀長の葬儀は、大徳寺古渓《こけい》宗陳《そうちん》を導師として盛大にとり行なわれ、二〇万人もの参列者で野も山も崩れるばかりであったという。「美麗なること言慮におよびがたい。万事は夢幻の泡影にして無常の色相を眼前にしているようだ」と、興福寺多聞院英俊は述懐している。

秀長の死は、豊臣政権の命運までを暗転させていった。利休の切腹、唐入りの失敗、関白秀次の自刃。そして、天下人太閤秀吉の死にまで不気味な影をおとしてゆくことになる。

慶長元年（一五九六）閏七月一三日深夜、都をゆるがす慶長大地震がおこった。マグニチュード七をこえる激震は、秀吉の居城伏見城の天守や石垣を倒壊させ、京都東山の「新大仏」をも見舞った。開眼《かいげん》を間近にひかえていた一六丈もの巨体は、もろくもくずれおちてしまったのである。大仏が倒壊した翌年七月、いっこうにすすまない再建事業にしびれをきらした秀吉は、信濃善光寺にある善光寺如来像の遷座を決定。わずか一尺五寸の一光三尊仏が、華やかにもあわただしく京都東山にうつされ、あらためて開眼供養の準備がすすめられた。

ところが、善光寺如来の上洛からほどなくして、秀吉の身に病魔がおそいかかる。洛中では、こんどは善光寺如来のたたりだととりざたする者があとをたたない。慶長三年（一五九八）八月一七日、善光寺如来はひっそりと信濃国へ帰っていった。希代の天下人が六三年の波乱にみちた生涯をとじる前日のことであった。

なんとも薄気味悪い話だ。秀吉による善光寺如来像の京都「新大仏」移座とその死の直前の信濃還御は、秀長による多武峯の鎌足像の大和郡山「新多武峯」遷座とその死の直前の多武峯帰山という経緯をまるでなぞり書きしたように似かよっている。大織冠像と善光寺如来像は奇妙なアナロジーにいろどられている。「新多武峯」と「新大仏」によって構想された豊臣政権の政治秩序は、秀長・秀吉の死とともに、「新多武峯」藤原鎌足像と「新大仏」善光寺如来像の帰座という宿命的な蹉跌を約束されていたかのようである。

主が去った大和郡山の「新多武峯」は、慶長五年（一六〇〇）の犬伏山火災によってあとかたもなく消えることになる。

大納言講と八講祭

それからほどなくして、大和郡山藩の武家地となった一角で、旧社地の礎石の下から神鏡一面が出現。この地にあらためて大織冠宮（鎌足神社）が創建されたという。このあたり一帯は、「大織冠」や「藤原」の地名を残し、かつては「大織冠ゆうれい道」なるいわくありげな地名もあったらしい。

大織冠宮が建てられたのは、大織冠馬場辻番所という蛇ヶ池（大織冠池）のほとりであった。蛇ヶ池は、郡山城外堀の築造のために掘られた人工池で、現在では住宅地になっている。とはいえ、今でもこのあたり一帯に大小の池が点在していて、金魚の養殖がさかんである。この蛇ヶ池に、秀長の養子となった豊臣秀保《ひでやす》にまつわる伝承が伝えられている。

図53　大和郡山城の外堀跡
蛇ヶ池にほど近い尼ヶ池．今では，金魚の養魚場として利用されている．

あるとき、豊臣秀保が空っぽの蛇ヶ池をみて、忍術師に「池から大蛇を出してみせよ」と命じた。忍術師が呪文をとなえると、空池からみるみるうちに水があふれだし、池の東北の隅から大目玉の大蛇があらわれ、秀保をひと呑みにしようと襲いかかった。秀保は肝をつぶして大声をはり上げて城内に逃げ帰り、熱を出して苦しみなやんだ。家臣たちはふたたび大蛇が出てこないように、池底の穴を大石で蓋をした。

暗愚で病弱であったといわれる秀

保は、文禄四年（一五九五）四月一六日、大和十津川《とつかわ》で変死をとげている。秀長死後に大和郡山城主となってわずか四年目のことであった。一説には、小姓が秀保を抱いて断崖から川淵へ入水したともいわれている。鎌足のたたりは、秀長の死後もなお市井に根強く語り伝えられていたようである。

宝暦五年（一七五五）、大織冠宮は、時の藩主柳沢信鴻《やなぎさわのぶとき》によって現在の地に移転されている。この直後の宝暦八年（一七五八）、うち捨てられ草木の生いしげるままに荒廃していた豊臣秀長の墓所「大納言塚」の整備が開始されている。安永六年（一七七七）に五輪塔と土塀が完成し、二〇〇回忌には供養がとり行なわれた。そののちも毎年正月二二日の命日には大納言講が行なわれ、現在でも大納言祭として受けつがれている。

図54　大納言塚

他方、鎌足像がもどった多武峯談山神社の周辺では、毎年三月になると八講祭《はっこうさい》の季節を迎える。とりわけ八年に一度め

図55　八　講　祭

ぐってくる今井谷《いまいだに》集落での八講祭では、ピンク色のつぼみがようやくほころびはじめた樹齢四〇〇年の八講桜の大樹のもとに、現存作例中最大で、高さ三《メートル》あまりの巨大な「多武峯曼荼羅」がはこび込まれ、談山神社宮司が『談山権現講式《たんざんごんげんこうしき》』を読誦する。しだれ桜のほのかなかおりが春風に舞うなか、大勢の村びとたちのにぎやかな酒宴がはじまる。

　八講祭とは、藤原鎌足をしのぶ祭事で、多武峯の周辺にある八つの大字によって毎年交代でいとまれてきた。そのほかにも桜井市と明日香村にまたがる周辺の二三の大字では、「八講さん」とか「明神講」とよばれる行事が確認されている。それぞれの大字には、鎌足を描いた絵画や木像が大事に保管され、毎年正月あるいは三月になると鎌足像を面前に供え物をしてその遺徳をしのんでいる。

八講祭の起源にはふたつの説がある。ひとつは、元文二年（一七三七）の多武峯の寺誌『紅葉拾遺《もみじしゅうい》』である。永正三年（一五〇六）の赤沢朝経《あかざわともつね》による多武峯焼き討ちの際に、東麓の下居堂に避難した鎌足像を数ヵ月にわたって周辺の郷民たちが守り助け、鎌足像が帰座したのち、談山の北に小さなお堂を八ヵ所建てた。毎年二月十六日になると、八つのお堂のいずれかで鎌足の肖像画をまつった。それが八講祭のはじまりという。

もうひとつは、明日香村八釣《やとり》区所蔵『談山権現講式』の奥書である。これによれば、天正一三年（一五八五）の豊臣秀長による鎌足像の大和郡山への動座をなげいた多武峯周辺の二三ヵ村の村民たちが、あらたに鎌足像を制作し、八講堂を組織して輪番でまつったのがはじまりとされている。八講祭は、豊臣政権による鎌足像の大和郡山遷座を起源とする祭事としても人びとの間に記憶されていたのである。

秀吉や秀長がいだいたまぼろしの豊臣政権の宗教構想は、豊臣家の滅亡とともに失われてしまった。大納言講と八講祭。大和郡山と多武峯に伝えられた祭事だけが、わずかにその歴史の面影をとどめているだけである。

不死

破裂する神

破裂する大織冠像、鳴動する多武峯山

鎌足像が破裂した！

天智天皇八年（六六九）一〇月一六日、藤原鎌足は五六年の生涯をとじた。淡海亭《たんかいてい》にて死去すると、遺骸はすぐさま山科精舎《やましなしょうじゃ》で荼毘《だび》にふされ、摂津安威山《あいやま》に埋葬された。

鎌足が死んだとき、長男の定恵《じょうえ》は唐にあって夢をみた、と『多武峯縁起』は伝えている。夢のなかで定恵は談山にあり、父鎌足があらわれて告げた。「わたしは今、天に昇ろうとしている。おまえはこの地に寺塔を建てて浄業をおさめなさい。わたしは神となってこの峯に天降り、子孫を擁護し、仏法を流布しよう」。天武天皇七年（六七八）、帰朝した定恵は、夢の告げにしたがって、二五人の役夫をつれて摂津安威山から鎌足の遺骸の一部

を掘り出し、大和多武峯にのぼって遺骨を埋め、その上に十三重の塔をたてて墓所とした。また三間四面の堂を建てて妙楽寺《みょうらくじ》を建立した。多武峯妙楽寺（談山神社）の開創である。

十三重の塔が建立されてから二〇〇年あまりたった九世紀後半ころ、多武峯初代検校《けんぎょう》延安《えんあん》のもとで、近江国高男丸なる造工によってはじめて三尺ほどの鎌足の肖像彫刻がつくられた。ついで一〇世紀に入ると、造工延祚がつくった等身大の鎌足の木像が多武峯聖霊院《しょうりょういん》に安置され、三尺の御影が像内に納められた。

図56　「藤原鎌足像」（談山神社所蔵）

この「聖霊院御影」とよばれた鎌足像は、中世を通じてたびたび破裂をくりかえしたことで知られている。破裂といっても、なにもドカーンと爆発したわけではない。鎌足木像に三寸から七寸程度の亀裂や欠損が生じた現象をさしていう。それは、科学的には木像の原材の老朽化とか、気温や乾湿の急激な変化による破損として説明できてしまう。けれども、鎌足像の破裂は、天皇や藤原氏長者から氏人、万民にいたるまで、人びとのわざわいを知らせる予兆であった。

ひとたび鎌足木像に破裂が発見されると、すぐさま多武峯から京都の藤原氏長者へ報告される。氏長者は、陰陽師《おんみようじ》を召し出して、破裂が意味する災厄をうらなう。そこで、氏長者は、自邸で祈禱や物忌《ものいみ》をおこたりなくする一方、破裂平癒《へいゆ》のために告文使《こうもんのつかい》とよばれる使者を多武峯に遣わすことになる。多武峯に到着した告文使は、木像の前で告文を読み上げる。すると、あら不思議。何度も読み上げているうちに、いつの間にか破裂していたはずの木像の体は回復し、予兆されていたわざわいをとりのぞくことができるというのである。

かの維摩居士が、『維摩経』のなかで説いていたことを思い出してほしい。そう、「だれもが病気にかかっているものですから、わたしも病気になりました。もしだれも病気にかからないでいられるなら、そのときわたしの病気もなくなりましょう」というあの言葉。破裂とは鎌足の病気であり、もとをただせば社会の病根があらわれ出たものであった。それは、鎌足の前身である維摩居士の教理にしたがうものでもあったわけだ。

前近代社会において、王の身体は社会秩序の表象であった。たとえば、天皇の健康が社会の安寧であり、天皇の不予や死が社会の危機をあらわしたように、鎌足の木像もまた同様の歴史的役割をになっていた。鎌足死せず。死してなお、藤原鎌足は木像によって社会秩序の危機を知らせつづけていたのである。

そんな非科学的な、とあなどることなかれ。

たとえば、『後慈眼院殿記《ごじげんいんどのき》』永正七年（一五一〇）九月二日条には、破裂の注進に訪れた多武峯の使者が語ったおどろおどろしい逸話が書きとめられている。昔、ある告文使が「木像の材が乾いて縦に破損するのは、珍しいことではない」といったところ、ほどなくして多武峯川の近くで変死体となって発見された。彼の墓塚は「末代までもこのような悪口をけっしてしてしてはならない」と託宣しているという。

身の毛もよだつようないまわしい話。ただし、破裂を凶兆として畏怖する心性は、最初からあったわけではなさそうだ。

たとえば、四〇〇年ほどさかのぼってみよう。永保元年（一〇八一）三月五日に興福寺による多武峯焼き討ちがあり、同月一七日、焼土と化した多武峯では、聖霊院から避難した鎌足像の顔部が破裂した。そののち同月二一日になって、ふたたび破裂が発見された。

これを聞いた時の関白藤原師実《もろざね》は、しきりにくりかえされる破裂に、「もしかして昇き出すときに偶然に破損したのではないか」と平気で疑念を表明している。ほかにも、『台《たい》記《き》』久安六年（一一五〇）九月二六日条には、「先日、多武峯廟の木主がみずから裂けたのに、氏長者は驚怖しなかった。先例によれば、このような怪異があったときにはかならず祈禱することになっている。二年前の破裂で祈禱をおこたったから、ふたたび木像が破裂してしまったのだ」と記されている。もっとも怖れなくてはならないはずの氏長者にしてこれである。ずいぶん温度差がありそうだ。

どうやら、一二世紀ころまで、破裂という怪異がほんとうに凶兆であると信じる者はむしろ少なかったようだ。ならば、鎌足像の破裂は、いつごろから人びとの間でおそれられるようになったのだろうか。

破裂がおこったときに作成され、鎌足像の面前で読み上げられる告文は、宣命体《せんみょうたい》で記された願文の一種である。告文は神前で焼き上げられてしまうため、原本が残っていない。それでも、多武峯関係の告文の写しは合計一六点ある。これらの差出と宛所、祈願内容のなかから特徴的な表記をまとめたのが表1である。これらの表現の変化から、鎌足像の破裂の歴史的展開をたどってみることにしたい。

第一に、Ⓒ・Ⓓから、天皇と藤原氏による王権の安寧が、ほぼ全告文を通じて祈願されていたことがわかる。

ところが、第二に、一四世紀半ばになると、Ⓔ「子孫」(11)という表記がはじめて登場する。それは、鎌足を始祖にあおぐ氏族集団の広がりを背景に、秩序の安寧を祈願する対象者が「千の子・万の孫・兆の民」という民衆にまで拡大していったことを意味している。

第三に、Ⓕにみるように、一四世紀半ばから国家や国土をあらわす表記が登場している。その最初の例が「報国勤王」(10)という言葉であるように、王権という狭義の政治秩序を中心にしながらも、日本という国家・国土の範囲にまで拡大していったことを意味する。またⒶでは、一五世紀後半以降、藤原氏長者がみずからを「大日本国」(12)の者であると表明するスタイルが確立している。これも国家意識のあらわれといえるだろう。

第四に、Ⓑに注目すると、鎌足の神格化がすすんでいたことがわかる。それまでの「多武峯之聖廟」にかわって、「多武峯乃霊廟」(10)が一四世紀半ばに、「多武峯大明神」(12)が一五世紀後半に登場している。しかも、「霊廟」はⒻ「報国」と、「大明神」はⒶ「大日本国」の登場と一致しているから、鎌足の神格化は国家・国土観念とも密接不可分

<table>
<tr><th>宛所</th><th colspan="4">祈願内容</th></tr>
<tr><th>Ⓑ</th><th>Ⓒ</th><th>Ⓓ</th><th>Ⓔ</th><th>Ⓕ</th></tr>
<tr><td></td><td></td><td></td><td rowspan="9"></td><td rowspan="8"></td></tr>
<tr><td>多武峯乃聖廟</td><td rowspan="3">氏事</td><td rowspan="2">皇徳</td></tr>
<tr><td></td></tr>
<tr><td rowspan="2">多武峯乃聖廟</td><td>王室</td></tr>
<tr><td rowspan="3">氏族</td><td rowspan="4">朝廷</td></tr>
<tr><td></td></tr>
<tr><td rowspan="2">多武峯乃聖廟</td></tr>
<tr><td>一門・家門</td></tr>
<tr><td>多武峯乃霊廟</td><td>一門・我家</td><td>勤王</td><td>報国・四海</td></tr>
<tr><td>多武峯乃聖廟</td><td></td><td></td><td>子孫</td><td>国土</td></tr>
<tr><td rowspan="5">多武峯大明神</td><td>家門</td><td>皇道</td><td rowspan="2">千子万孫</td><td rowspan="2"></td></tr>
<tr><td></td><td rowspan="2"></td></tr>
<tr><td>門葉</td><td>千子万孫兆民</td><td>海内</td></tr>
<tr><td rowspan="2"></td><td>一天</td><td></td><td>四海</td></tr>
<tr><td></td><td>兆民</td><td>万国</td></tr>
</table>

表１　多武峯告文の変化

	年月日	史料	差出 Ⓐ
1	承安４年(1174)正月28日	多武峯略記	
2	承元２年(1208)２月12日	猪隈関白記	関白
3	承元２年(1208)２月16日	猪隈関白記	
4	承元２年(1208)４月８日	猪隈関白記	
5	承元２年(1208)４月15日	猪隈関白記	
6	承元２年(1208)４月27日	猪隈関白記	
7	承元２年(1208)４月29日	猪隈関白記	
8	承元２年(1208)６月27日	猪隈関白記	
9	弘安６年(1283)２月22日	勘仲記	
10	康永３年(1344)６月８日	師守記	
11	正平７年(1352)10月８日	八洲文藻	
12	文明19年(1487)３月２日	長興宿弥記	大日本国関白
13	明応６年(1497)３月11日	後法興院記	関白
14	永正７年(1510)10月14日	談山神社文書・後慈眼院殿記	大日本国関白
15	天文３年(1534)８月	談山神社文書	
16	慶長13年(1608)９月24日	談山神社文書・破裂之覚	

にかかわっていたと思われる。

こうしてみてみると、鎌足像の破裂をめぐる心性がゆるやかな転換をとげていったのは、一四世紀半ばから一五世紀後半までのことと考えられる。初期の告文では、天皇と王権輔佐者としての藤原氏で構成される狭義の政治秩序の安寧が祈願されるにとどまっていた。一四世紀半ば以降になると、鎌足の子孫が広がり、国家・国土観念が成長し、鎌足の神格化がすすむなど、破裂に対する心性がゆるやかに変化しはじめる。そして一五世紀後半までには、木像の破裂がおよぼす祈願の対象者が民衆にまで拡大し、日本という国家・国土全体の危機にかかわるイデオロギーへと変質していったのである。

破裂と鳴動

史料をあつめてみると、鎌足像の破裂は、昌泰元年（八九八）から慶長一九年（一六一四）までの間に合計五三回を数えている。これらを半世紀ごとの破裂頻度を縦積棒グラフとしてしめしたのが図57である。

これにより、破裂は定期的におこっていたわけではなくて、ふたつの多発期をもっていたことがわかる。すなわち、久安四年（一一四八）から承元二年（一二〇八）までの六〇余年間（以下α期とする）と、嘉吉二年（一四四二）から天文一一年（一五四二）までの約一〇〇年間（β期とする）のふたつである。

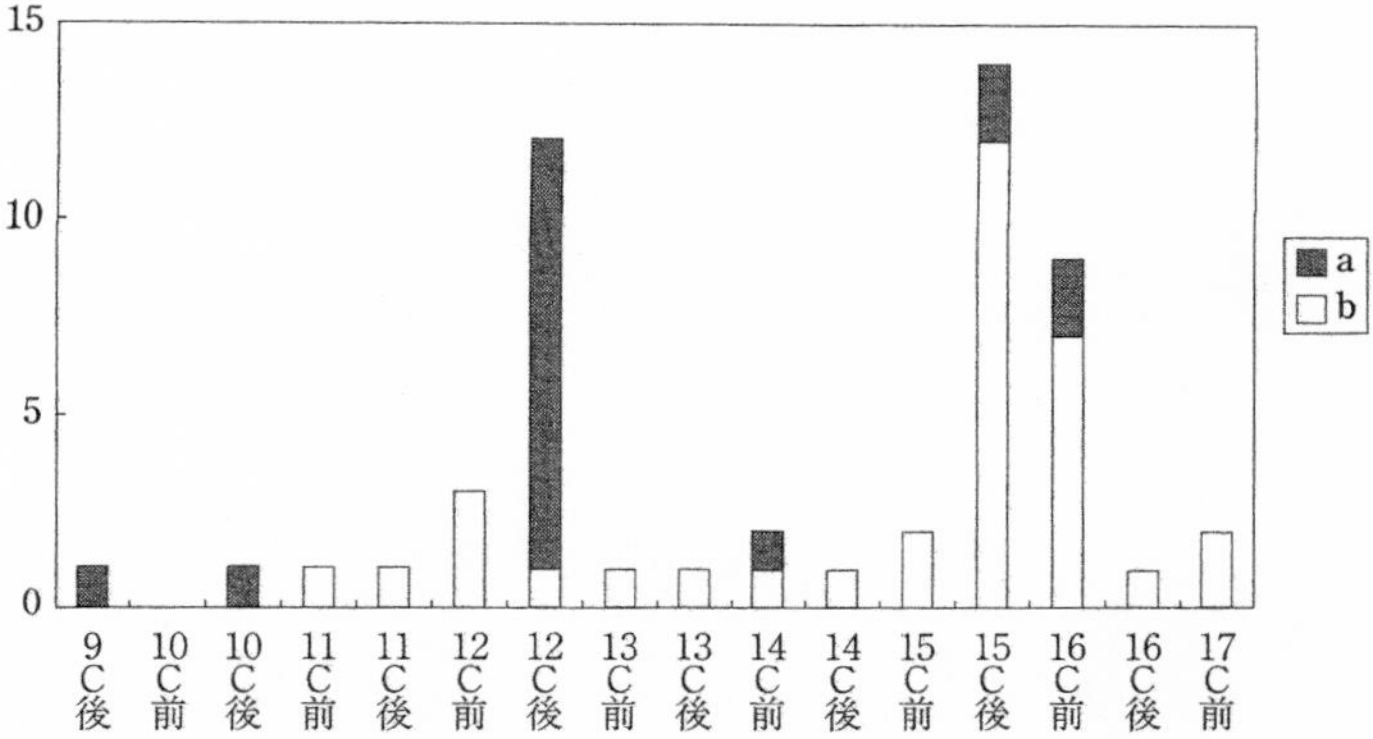

図57　破裂の波動

ところが、両多発期には重大なちがいがある。実は、五三回の破裂のなかには、近世初頭につくられた『破裂集』だけにしか記載がないものがある（a）。そこで、個々の破裂を同時代の史料によって傍証できるかどうか区別してみよう。

すると、α期は、『破裂集』だけに記載のある事例（a）が大半を占めて、それを同時代史料で傍証することはほとんど不可能である。どうやらα期は、まったくの架空の多発期であったと考えるほかなさそうだ。他方、β期におこった破裂は、その八割に相当する二一回が同時代史料で確認できる（b）。β期こそが鎌足木像破裂の唯一の爆発的多発期だったのである。

なぜ実際にはおきていない破裂がα期に多発したことになっているのだろうか。そのなぞを解く

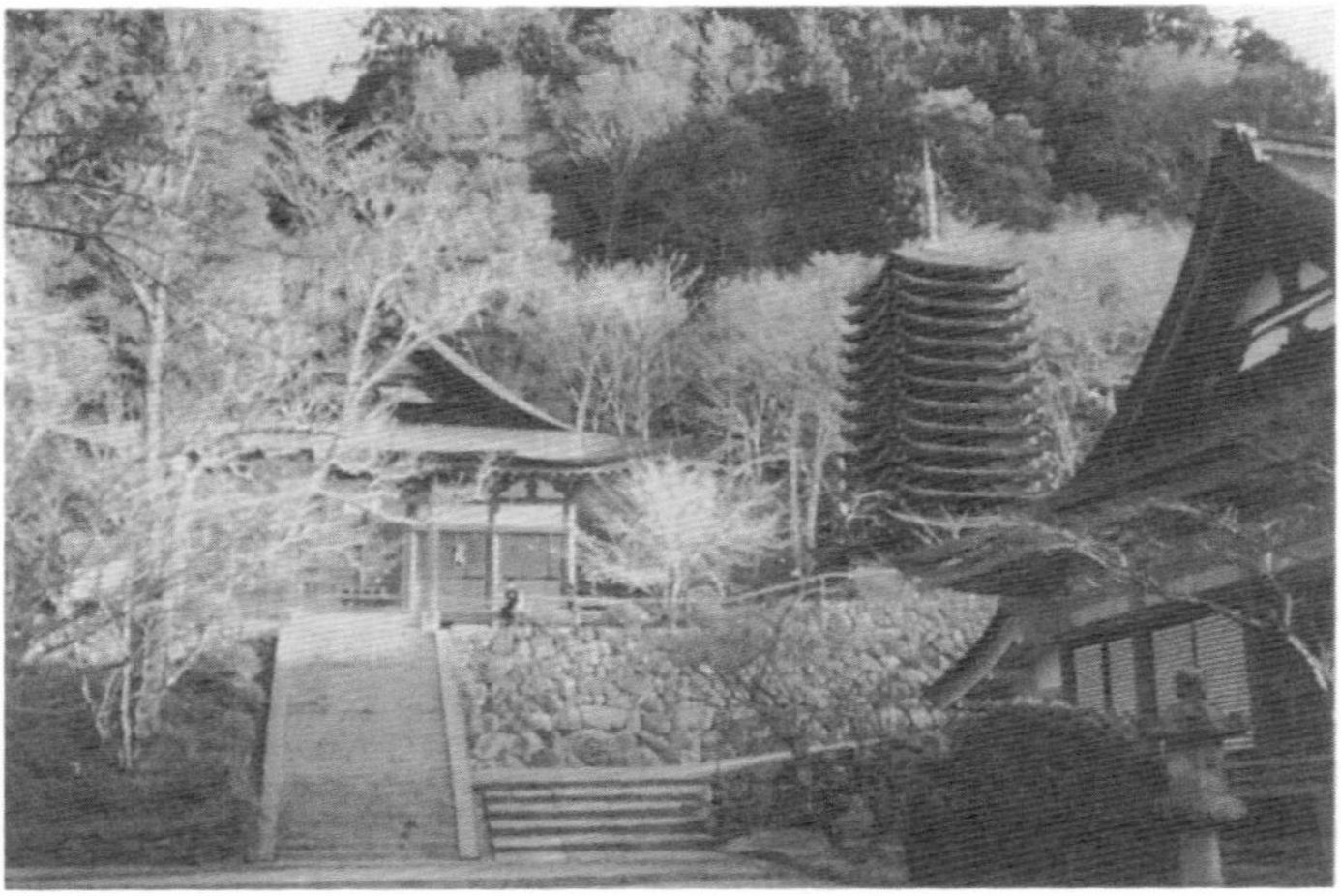

図58　多武峯談山神社

かぎは、鳴動にある。鳴動とは、ある特定の場における高音やはげしい震動をともなった怪異であり、墓や山や神社、時には都市や海浜におこることもある。多武峯山は、しきりに鳴動をくりかえした場所として知られていた。そこで、多武峯の鳴動・怪異の報告件数を半世紀ごとの折れ線グラフによってあらわした図59をみてみよう。

多武峯の鳴動・怪異は、一二世紀から一三世紀前半までに大きなヤマをなし、一三世紀後半以降激減する傾向をしめしていることがわかる。これは先の破裂の波動とはまったく対照的に、α期に増加しβ期に沈静化する波形なのである。と

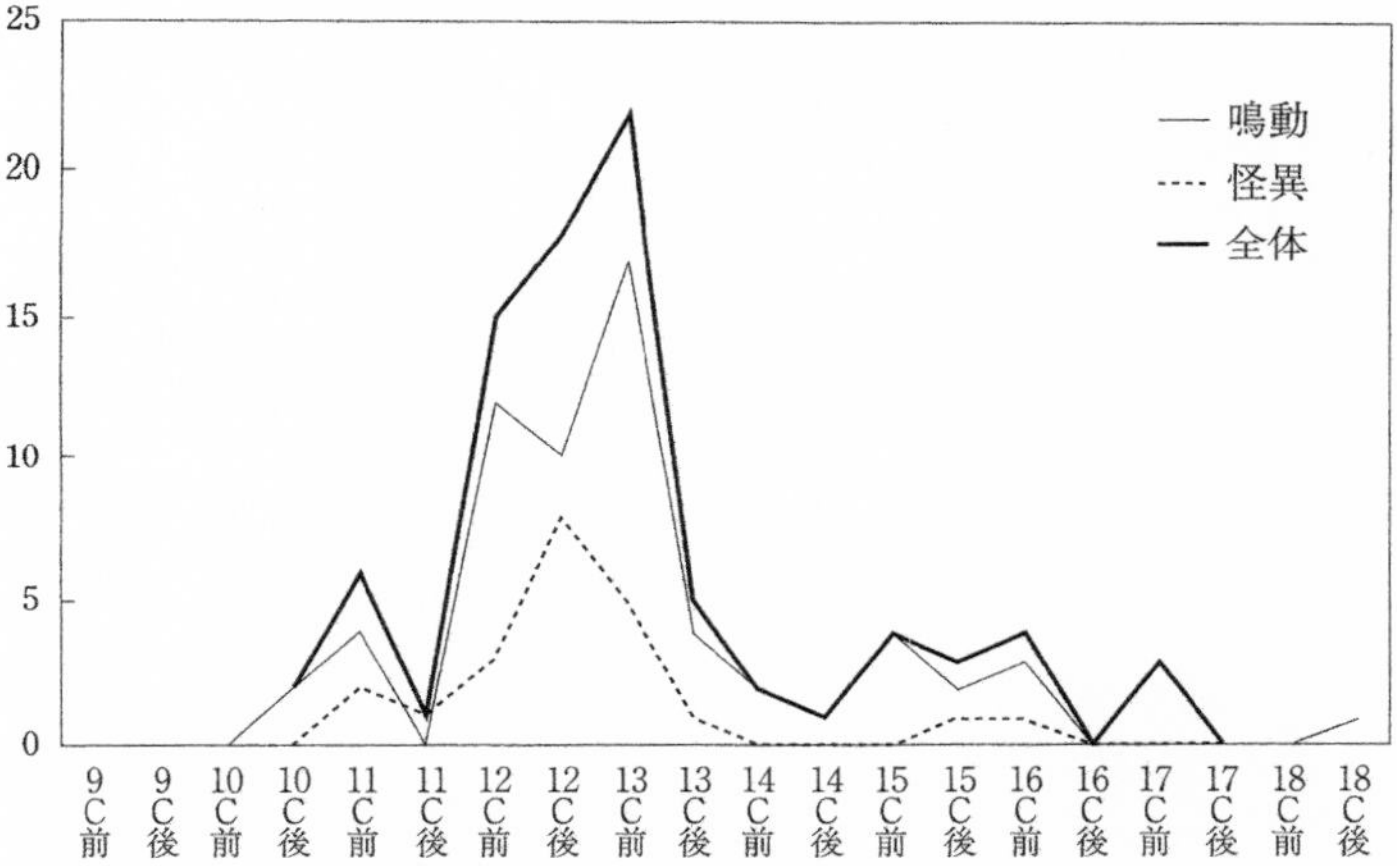

図59　鳴動の波動

なると、α期は鳴動の多発期であったが、近世初頭の『破裂集』が破裂の多発期に書き換えてしまったものと考えることができそうである。

中世後期に多武峯の鳴動が激減することと、鎌足木像の破裂が激増することとは、密接に関連していたにちがいない。鳴動する墓山から破裂する鎌足像へ。このころ多武峯の神威のあり方に転換が生じていたのである。

しかし、慶長一九年（一六一四）を最後に、破裂は沈静化し、終息に向かう。破裂がおこらなくなった近世多武峯では、『破裂集』が編纂をかさねてゆく。『破裂集』とは、慶長一二年（一六〇七）の破裂のとき、後陽成天皇の要望によって編纂された鎌足像破裂の記録である。その後も『破裂集』は、たびたび改訂をかさねていった。たとえば、寛文元年（一六六一）の禁裏大火や、安永八年（一七七八）の後桃園天皇の死去のときに多武峯山で鳴動がおきて、その直後に『破裂集』の重修が行なわれていたことがわかっている。鳴動がおこるたびに、破裂の霊験が思いおこされていたわけだ。

このうち天和年間（一六八一〜八三）ころの破裂記をもとに、天保一一年（一八四〇）につくられた『大織冠神像破裂記附録』は、以下のように書き記している。「古来、破裂があるごとに鳴動もおこったが、鳴動があってもかならずしも破裂はおきなかった」と。あるいは「慶長以来、鳴動はあっても破裂がふたたびおこることはなくなった。なぜなら、天下泰平が長く維持されたためである」とも。

おきる鳴動が、おきない破裂の霊験を高めていったのである。『破裂集』の重修を通して、過去のものとなった破裂が鎌足像の霊験譚として語り継がれていったのである。

御胴ぶるい――クビとカラダの日本史 その２

ところで、鎌足像の破裂は、木像の身体のさまざまな部位で発見されている。史料の表記にしたがって、破裂した身体的部位の登場回数をまとめてみると、表２のようになる。

一見して明らかなのは、鎌足像の破裂部位が顔部・頭部に集中していることである。「面」という表記が五回でもっとも多く、「頂上」（頭頂）という言葉が四回でつづいているから、鎌足木像の顔や頭に特別重要な関心がはらわれていたことはまちがいあるまい。

肖像は顔が命？ こうした破裂部位の特徴は、日本における肖像の身体観念の歴史を反映したものと考えられる。

たとえば、出羽国立石寺《りっしゃくじ》入定窟《にゅうじょうくつ》の金棺から発見された慈覚大師円仁《じかくだいしえんにん》の木像は、最初

表２ 破裂部位

身体的部位	回数
躰	2
身	1
顔	2
面	5
首	1
頂上	4
冠	1
額	2
眉	4
目	2
耳	2
鬢	3
髪	1
口	1
脣	2
頤	3
頸	2
肩	1
胸	1
両手	1
合計	41

から頭部だけを意図してつくられたものであった。また甲斐善光寺の源頼朝像も、頭部だけが古く、胴部は鎌倉末期の修補による可能性が高い。さらに、天正八年（一五八〇）、石山寺合戦において織田信長との間に大阪退去の誓詞をかわしていた顕如《けんによ》が、講和成立後も石山にとどまる教如から祖師親鸞の木像をひきわたすようにもとめられたとき、木像の頭部をぬきとってわたし、胴部はこわして焼いてしまったと伝えられている。

あるいは、日本の肖像画の制作過程をみてみると、まず絵師が像主を面前にして顔部の紙形を描き、依頼主ができばえを判断してから、胴部を描き加える方法がとられていた。描かれた胴部は画一的なもので、かならずしも像主をモデルにする必要はなかった。

鎌足木像の破裂は、こうした顔部・頭部を重要視するという歴史的な身体観念を背景としていたのである。たしかに、日本の肖像画では、だれかに似ているという関心はほとんど顔の表現に集中していて、胴部は身分をあらわす類型的な表現でなおざりにすまされてしまうことが多い。これが西洋の肖像画になると、からだ全体や持ち物、背景までが緻密に表現され、肉感的なものとなるから対照的である。顔はその人をあらわすほんの一部にすぎないといわんばかりに小さい。たとえば、有名なサン・ベルナール峠をこえるナポレオン・ボナパルトは前足をあげていななく白馬にまたがりかなたを指さしているし、ルイ一四世は王室で剣を杖にして半身のポーズを決めこみ、威風堂々たる印象をもつ。日本の天皇像のそっけないポーズとくらべると、ずいぶん大きなちがいだろう。

とはいえ、この胴部への無関心といってもいいほどの中世日本人の身体観は、近世になると少しずつ変化をきたしていったようだ。たとえば、戦国時代につくられはじめた女性の肖像画は、着物のきめ細かい衣紋を描きこんでいる。服装や持ち物など、顔以外のディテールにこだわった武家や町人たちの肖像画も増えてくるようである。

図60　ナポレオン像

また中世には斬られた首の霊力を伝える物語がみられたのに対して、近世には斬られた胴体をめぐる物語や民話が生み出されるようになる。

たとえば、文化九年（一八一二）に刊行された『北越奇談《ほくえつきだん》』によれば、陸奥の豪族安倍氏の残党黒鳥兵衛が源義家に討たれて、黒鳥村に頭と胴を別々に埋められて黒鳥八幡社としてまつられたが、しきりに鳴動したという。また源頼義が安倍貞任《さだとう》の死骸を京都にもち帰って大堰川《おおいがわ》に埋めたが、生き返ってたたりをなしたので七度目に七分したら何ごともなくなったという民話も残っている。

さらに、平将門の首を追って胴体が常陸国から武蔵国豊島郡に飛んできて、その後妖怪が出没して人びとをなやませた。人びとは将門の怨霊のたたりと恐れて一社の神としてまつり、体大明神とよんだ。これがのちに神田にあらためられたという。この「からだ」が「かんだ」になったという神田明神の地名由来説。元禄七年（一六九四）の『増補江戸《えど》咄《ばなし》』にはみえるから、近世中期以降にはよく知られた俗説になっていたようだ。

『もののけ姫』のシシ神さまだって、奪われた自分の首をさがしもとめていたではないか。首が胴体から離れないろくろっ首というのは、近世的な身体観がなせるお化けなのかもしれない。現代のバラバラ殺人事件にひきつがれるような猟奇的な殺人をめぐる民話は、日本人への胴部への関心の高まりと無関係ではないように思われる。

藤原鎌足像もまた例外ではない。大阪府茨木市福井に伝わる民話を紹介しよう。

摂津国の安威山に大織冠山という山があった。昔、大織冠藤原鎌足公がなくなったとき、そのなきがらをこの安威山にほおむった。村の人びとは、この墓を大事におまつりしていた。ところが、藤原不比等がやってきて、父鎌足のなきがらを大和国多武峯へうつそうとした。村の人たちはおどろき、反対したが、不比等は承知しない。そこで、なきがらを首と胴とのふたつにわけ、大きい胴のほうをもとのところに葬り、首を多武峯にもっていこうとした。すると突然、塚が地鳴りをおこして、ドロンドロンとどろきわたった。村人たちはおどろいて、「大織冠山の御胴ぶるい」とおそれて塚を手厚くまつった。

その後も、たびたび御胴ぶるいがおこって、大嵐で家が飛び、田畑がつぶれることがしきりであった。そこで、この「胴の塚」の御胴ぶるいは、村の人びとに大嵐を知らせる予兆となって、災害の予防を万全にさせたので、村はたいそう栄えたという。

なるほど。「胴」と「動」のだじゃれというわけだ。それはそうと、「御胴ぶるい」とよばれたこの民話の特筆すべき点は、身体が大地にひとしいものとされていることにある。「御胴ぶるい」という身体のふるえは、悪天候の予兆となる大地の鳴動としてあらわれる。身体と大地は交換可能であり、あるいはミクロにあるいはマクロに社会秩序の表象と考えられていたのである。しかも身体の頭部ではなく、胴部が問題とされている点で、きわめて近世的な身体観が反映されているように思われる。

頭部から胴部へ。大地の鳴動からクビの破裂へ、そしてカラダの鳴動へ。破裂が沈静化したのちにおこった身体観の近世的転換のなかで、鎌足像の破裂という中世的怪異は真の終息へと向かっていったのかもしれない。

昭和九年（一九三四）四月、大阪府茨木市安威から北に三キロほどはなれた高槻市阿武山《あぶやま》で、京都大学地震観測所の拡張工事のために裏山の頂上付近の松林を掘っていた作業員が、鶴嘴《つるはし》の先に石瓦の層を掘りあてた。切石でくまれた石室の内部には漆と布でかためられた棺が安置されていた。棺のなかから出てきたのは、ミイラ化した六〇歳前後の男性の白骨遺体とガラス玉を編んでつくった玉枕であった。ほぼ完全な状態で奇蹟的に保存された七世紀の遺体には、肉片や毛髪、遺体がまとっていた錦の衣装、胸から顔面や頭部にかけて金糸がちらばっていた。すぐさま「金絲を纏《まと》ふ貴人」と題した記事が大阪朝日新聞の紙面をおどり、わずか一〇日間で二万人もの見物人が押しよせる騒動となった。しかし、事態を重くみた内務省は、科学的調査は遺体への冒とくのおそれありとして、憲兵隊を投じて封鎖し、なかば秘密裏に遺体は埋めもどされてしまった。

以来、半世紀の間、人びとの記憶からすっかり忘れ去られていた阿武山古墳がふたたび脚光をあつめたのは昭和五七年（一九八二）のこと。京都大学考古学教室によって発見当時に撮影されていたX線写真が分析され、冠の刺繡糸などからミイラの正体が藤原鎌足であるとする説が出されたのである。

とはいえ、ミイラの主は今もなぞのままである。鎌足像の最後の破裂から三〇〇年あまり。ほんの一瞬だけ奇蹟的に姿をあらわした阿武山古墳の主は、「御胴ぶるい」の伝承を伝えた安威山をふくむ北摂の地に、たしかに鎌足が生きつづけていることをしめすものなのかもしれない。

神格化の道程

多武峯の後醍醐天皇像

奈良盆地をはるかに北に見下ろす多武峯談山神社は、紀伊半島を南北につらぬく紀伊熊野山地の最北に位置し、蒼く深い森の奥にある。かつて建武の新政を行なった後醍醐天皇が南朝の行宮をおいた吉野とは、一五キロたらずの距離にある。この多武峯に、かつて後醍醐天皇の木像があったことが証言されている。昭和二四年（一九四九）に刊行された村田正志『南北朝史論』のなかに「伝後醍醐天皇御木像をめぐる史実」と題する一節がある。

既にかれこれ十年も前のことである。私の手控えによると、昭和十三年七月十九日とある。故永峯光寿氏が史料編纂所に後醍醐天皇御木像と伝へる一体の木像を持参せられた。これはもと大和談山神社に奉安せられてゐたものといふが、現今何方に蔵せられてゐるかに就いては同氏は明言を避けられてゐた。木彫の立像で、彩色はなく、木肌さへなほ鮮やかであり、身に衣冠を着け、手には何かを持つてゐたのであるが、今は無い。損傷蠹蝕は全く見えぬ。全体に均整はよくとれて居り、刀技は極めて荒く、一見専門彫工の手に成つたものではなく、素人の作たるの感がする。相貌に一種の気概が流れ、拝観の後、何となく心の鬱するを覚えるのは、これが一般の芸術作品でないあかしであらう。

厨子の内面に貼りつけられた紺紙金泥の大祓祝詞《おおはらえのりと》の奥書によれば、この後醍醐天皇像は、宝徳三年（一四五一）一〇月に長慶天皇の三世の皇孫がつくったとされている。さらに、奥書は以下のように書き残している。「このお像は、南朝の始帝後醍醐の皇子時代の肖像である。わが国の始神天照大神と同じように尊び、末代の君臣まで朝夕に礼拝しなさい。身をきよめて大祓えのつとめをはたし、南朝の万久と万民の安穏を祈りなさい」と。はて、藤原鎌足をまつる多武峯に、なぜ後醍醐天皇像が伝えられたのだろうか。

実は、多武峯にとって後醍醐天皇は特別な天皇であった。たとえば、寛正四年（一四六三）につくられた『談山権現講私記《たんざんごんげんこうしき》』和讃は次のようにうたう。「されは九十の御門をは、後醍醐とこそ申しけれ、これをあがめて権現と、綸言なるこそ賢けれ」。第九〇代の天皇後醍醐が、鎌足を「権現」とよんだことが賛美されているのである。

また安永九年（一七八〇）三月一六日「九条尚実御教書」には、多武峯を四箇本寺（東大寺・興福寺・延暦寺・園城寺）に准ずる寺院としなさいという後醍醐天皇の勅命が想起されている。この勅命が元亨年間（一三二一～二四）の「後醍醐天皇御書」にさかのぼるという説が、元文二年（一七三七）の多武峯の寺誌『紅葉拾遺』のなかに記されている。「多武峯の廟壇を日域の宗廟に比し、大織冠霊神を権現と号し、談峯衆徒《しゅと》を四箇本寺に准じ、儀式を調え臨幸すべし」。ほんとうだとすれば、破格の地位が保証されていたことになる。さらに、いまも談山神社に残る元徳三年（一三三一）銘の石灯籠は、後醍醐天皇の寄進とも伝承されている。どうやら鎌足の「権現」号や多武峯の地位向上をはかった後醍醐天皇の功績は、一五世紀以降の多武峯で語り継がれてきたたしかな記憶であったらしい。

元亨年間といえば、後醍醐天皇がいよいよ鎌倉幕府打倒の意志をかためつつあった時期である。こののち南都・北嶺への行幸を準備し、全国の寺社を勅願寺に定めるなど、反幕府勢力の結集に余念がなかった。強力な僧兵を擁する多武峯への破格の厚遇も、まんざらありえないことではないのかもしれない。

さらに、埼玉県ときがわ町の多武峯神社は、慶雲三年（七〇六）に大和多武峯から鎌足の霊を勧請したという。享禄四年（一五三一）に本尊観音菩薩像を造立。文亀四年（一五〇四）銘の五輪塔には、鎌足の遺髪の一部が納められたと伝承されている。今も神社を管理する武藤氏は、慈眼坊《じげんぼう》と称した秩父修験《ちちぶしゆげん》の先達で、観音像を鎌足像とよびならわしている。慶安元年（一六四八）に書かれた慈眼坊重慶《ちようけい》の書状によれば、当時、正慶二年（一三三三）に万里小路藤房《までのこうじふじふさ》によって再興されたことをしめす棟札が残っていたという。万里小路藤房は、後醍醐天皇の側近で、鎌倉幕府倒幕計画に参加して常陸国に配流された。建武の新政がはじまると中納言となって復帰したが、側近重用政治を諌言しても聞き入れられなかったため、建武元年（一三三三）一〇月に出家して消息をたった。その後の藤房は、近江妙感寺や下野長光寺、常陸小田、越前鷹巣山、伊豆興善寺温泉、出羽補陀寺など、各地に足跡を残している。こうした伝承のひとつにすぎないにしても、藤房が遠く関東の地で多武峯神社を再興したのは、後醍醐天皇の多武峯に対する厚遇と無関係ではないように思えてくる。

そこで、ふたたび告文をみてみよう。表1のⒷをみると、「聖廟」から「大明神」へと変化する鎌足の呼称の変化にあって、「霊廟」という呼称が康永三年（一三四四）の告文にだけ登場していた。「聖廟」から「霊廟」へ。一四世紀に鎌足の地位がなんらかの変化をきたしつつあったことはまちがいあるまい。ここに藤原鎌足が神格化への第一歩を刻んだ足跡をみることができそうである。

多武峯大明神

永享一〇年（一四三八）八月、多武峯は紅蓮の炎につつまれた。

ことのはじまりは、ちょうど二〇〇年ほど前にさかのぼる。一三世紀半ば、後嵯峨天皇のふたりの子息があいついで天皇に擁立され、大覚寺・持明院というふたつの皇統を生み出した。皇統の分裂は、半世紀以上にわたる南北朝動乱を惹起した。多武峯は、はやくから大覚寺統と太いパイプをもち、南朝勢力の一翼をになってきた。『梅松論』によれば、元弘二年（一三三二）、後醍醐天皇の皇子護良《もりよし》親王が、多武峯と吉野法師を味方にして倒幕の兵をあげたとされている。その後、明徳三年（一三九二）に南北朝の合一がなり、皇統が持明院統に一本化されても、後南朝とよばれる大覚寺統の末裔たちの根強い抵抗がつづくことになる。一五世紀の多武峯もまた、争乱の渦のまっただなかにあった。

正長元年（一四二八）、称光天皇の死によって持明院統がとだえると、新天皇は大覚寺統から選ばれることなく、崇光院流の後花園天皇が即位した。大覚寺統を支持する勢力がこれに反発。大和国では、越智《おち》氏らが後南朝勢力をおしたてて一〇年あまりにわたって反乱をおこした。しかし、越智氏はしだいに劣勢となる。永享一〇年（一四三八）になって、管領畠山持国《はたけやまもちくに》ひきいる幕府軍一万余騎が越智氏のたてこもる多武峯城をとり囲んだのである。終日の合戦で、多武峯城は陥落。この戦いによって、多武峯は、堂塔坊舎にいたるまで灰燼《かいじん》に帰し、ほとんど廃滅にもひとしい打撃をうけた。聖霊院の藤原鎌足像は、あやうく焼失をまぬがれて、ふもとの橘寺へと遷座した。

廃滅から復興への道のりは長きにわたった。今に残る談山神社の嘉吉祭《かきつさい》は、嘉吉元年（一四四一）の鎌足像帰座を起源とすると伝承されている。けれども、実際に鎌足像が橘寺からもどったのは宝徳元年（一四四九）のことであった。実に一二年の歳月を要したことになる。

かつて多武峯にあったといわれる後醍醐天皇像がつくられたのは、鎌足像の帰座からわずか二年後の宝徳三年（一四五一）一〇月のことであった。この後醍醐天皇像をつくった「長慶天皇の皇孫」とは、享徳四年（一四五五）に逐電《ちくでん》した梵勝《ぼんしょう》・梵仲《ぼんちゅう》という名の相国寺僧のことと思われる。彼らの逐電の背景やその後のゆくえは杳として知れない。とはいえ、後醍醐天皇像は、ふたりが消息をたつ四年前に南朝の繁栄を祈願してつくられていた。また二年後の長禄元年（一四五七）には、別の南朝皇胤が暗殺される長禄の変がおこるなど、後南朝勢力の反乱の火種はくすぶりつづけていた。こうした情勢を考え合わせれば、梵勝・梵仲もまた、なんらかの抗争にまきこまれた可能性は高い。

ともあれ、宝徳三年（一四五一）につくられた後醍醐天皇像が、ほどなくして多武峯にもたらされたのだとしたら、偶然とよぶには絶妙のタイミングであったように思えてならない。鎌足像が帰座してまもない多武峯で後醍醐天皇がよんだ「権現」の神号の記憶がよびさまされ、その後の鎌足の神格化のうごきに拍車をかけたと考えられるからである。

このころ、多武峯は復興への道をひた走っていた。永享の廃滅以来、鎌足像の破裂は三、四年に一回というこれまでにないペースで頻発して、その神威がしばしばアピールされていた。他方、多武峯が龍門荘や宇陀郡といった近隣荘園への勢力伸長をもくろんでいたことも史料からうかがえる。しがらみのない皇統からの新天皇の即位は、復興をめざす多武峯にとって好都合であったにちがいない。このの後花園天皇への接近が試みられ、鎌足神格化のうごきがにわかに熱をおびてゆくことになる。

宝徳二年（一四五〇）には多武峯のあたらしい本尊像を勅作とするため、後花園天皇による刀あてを依頼。寛正四年（一四六三）三月に『談山権現講私記』がつくられたのは、直前に後花園天皇によって正式に「権現」の神号が下賜されたためと考えられる。ここで「権現」の呼称をあたえた後醍醐天皇の賛美とともに、鎌足の遺徳がことほがれることになる。ところが、それからほどないある時期に、神託によって「大明神」の神号を下賜する後花園天皇の綸旨があらためて発せられた。「多武峯大明神」の誕生である。その後も、寛正六年（一四六五）一一月一八日には、退位した後花園上皇から正一位の神位が定められている。さらに、文明八年（一四七六）には勅毫の「多武峯」の額字が社頭鳥居と大鳥居に下賜されている。文明一九年（一四八七）三月には、大和永享の乱以来、実に五〇年ぶりに治罰の綸旨（朝敵征伐の命令）をゆるされて一山勅免となっている。鎌足像の帰座からわずか一五年にして鎌足の神格化が実現し、あいついで天皇の厚い庇護をうけることに成功していったのである。

「多武峯大明神」の誕生。そのきっかけとなった神託の経緯は明らかではない。ただし、わずかな間に鎌足の神格化が実現した背景をさぐってみると、何人かのキーパーソンが浮かび上がってくるようである。

まずは中御門宣胤《なかみかどのぶたね》。一九歳にして後花園天皇の蔵人頭《くろうどのとう》となり、荒廃した朝廷儀礼や祭儀の復興につくし、和歌や書道をたくみにした文化人でもある。宣胤の父明豊《あきとよ》は、永享《えいきょう》の乱で室町幕府から知行地を没収されていた。「その折りは面目を失ったが、談山への忠節を子孫に伝え、多武峯大明神の恩恵にあずかるために、多武峯の復興に尽力した」と、後年の宣胤は「乗光記《じょうこうき》」のなかに書き記している。宣胤はまた、藤原氏族の長老で、五〇〇年来の学者といわれた一条兼良の薫陶を強くうけている。その兼良は、戦火をさけて応仁二年（一四六八）から数年間奈良に滞在。この間に談山神社所蔵の「多武峯曼荼羅」に讃文をあらわし、『多武峯縁起絵巻』の制作にもかかわったといわれている。

そしてもうひとり。吉田兼倶《よしだかねとも》。吉田卜部《うらべ》氏は、吉田社・平野社の神官で、神祇官にあって祭儀や故実に通じた一族であった。吉田氏と多武峯との関係は、嘉吉二年（一四四二）の破裂で告文使となった中御門明豊にかわって、兼倶の父吉田兼名《かねな》が登山して平癒に成功したことにはじまる。その後も、兼倶が破裂の告文使発遣や氏長者の遙拝《ようはい》をとりしきったほか、天正年間には吉田兼見《かねみ》が多武峯に下向、慶長一二年（一六〇七）の破裂では吉田兼《かね》治《はる》が告文使となっている。中世後期の多武峯は、吉田神道の強い影響下におかれていたといっていい。また兼倶は、娘を中御門宣胤の子宣秀《のぶひで》の妻とするなど、宣胤との親交がことのほか深い。「多武峯大明神」号の下賜にいたる神託に、中御門宣胤とともに吉田兼倶が関与していた可能性はきわめて高いと思われる。

人を神としてまつること。この奇妙な方式を発案した人物こそが吉田兼倶であった。『神道大意』のなかで、兼倶はいう。「天地にありて神といい、万物にありては霊といい、人にありては心という。心とは神なり」。

「人の心は神である」というスローガンをかかげた兼倶は、文明末年に唯一神道（吉田神道）を創唱して以降、全国の神社に「大明神」号をさずけてゆくようになる。藤原鎌足は、吉田神道の確立期にいちはやく神格化された例ということになるだろう。

それは、その後の日本人の神国観までを大きく転換させてゆくことになる。吉田神道の根本書として知られる兼倶の著『唯一神道名法要集』は、聖徳太子の言葉として以下のように説いている。「わが日本は種子を生じ、中国は枝葉をあらわし、インドは花実を開いた。だから、仏教は花実で、儒教は枝葉で、神道はこれらの根本である。儒教・仏教は神道から分かれたものである。花や実がおちて根に帰るように、仏教が日本に東漸したのである」。いわゆる三教枝葉花実説である。

豊国大明神と東照大権現

中世の日本人は、ひとつのコンプレックスをかかえていたといわれている。インドで生まれた仏教がもっとも遅れて東漸した粟粒のような島日本という粟散辺土《ぞくさんへんど》の小国意識。その中世的コンプレックスは、三教枝葉花実説によってみごとに逆転される。日本の神のはたらきによって神道が生まれ、これによって儒教、仏教が生まれた。それは、日本を神聖化し、日本を世界の中心に位置づけようとする逆転の思想であった。この自国中心主義的な神国観は、豊臣秀吉や徳川家康の外交文書にしばしば登場し、君臣や諸大名間の盟約といった国内統治の基軸をなすイデオロギーともなっていった。

こうした神国イデオロギーは、戦国乱世を勝ちぬいたふたりの天下人の神格化とも無関係ではない。豊臣秀吉と徳川家康。彼らは、死後にみずから神となることをのぞんだといわれる。日本社会に広く浸透した神国イデオロギーは、彼らの権威を正当化する役割をはたしていったのである。

もちろんふたりの神格化の経緯は、政治的屈折もあってずいぶん異なっている。太閤秀吉は、死の間際に京都東山の「新大仏」の鎮守として「新八幡大菩薩」となることを遺言した。ところが、秀吉の死後、朝廷と吉田兼見との談合によって吉田神道が主張する「豊国大明神」へと変更されてしまった。他方、家康の場合、死後に天海《てんかい》と崇伝《すうでん》・梵舜《ぼんしゅん》（吉田兼見の弟）との間で権現・明神論争がくりひろげられた。その結果、こんどは吉田神道の「大明神」号が嫌われて、天海が支持する山王一実《さんのういちじつ》神道の「東照大権現」号があたえられた。関白となった秀吉は、「豊国」という豊葦原国《とよあしはらのくに》＝日本を統《す》べる神としてまつられたのに対して、征夷大将軍となった家康は、「東照」という関八州を中心とする東国武家王権を継承する神としてまつられた。

しかし、神道や神号の意味するところが異なってはいても、ふたりの神は、天下を統一した彼らの武威を根拠とする軍神であった点で共通している。秀吉の場合、三韓征伐伝承を連想させる「新八幡」と同じように、「豊国」が中国の思想書『管子《かんし》』の引用だと考えれば「兵威」の意がこめられていたらしい。実際、慶長四年（一五九九）四月に豊国社の仮遷宮で読み上げられた宣命では、「兵威を異域の外にふるい、恩恵をこの世のはてまでほどこした」と賛美されている。家康の場合も、

図61　「豊臣秀吉像」（財団法人宇和島伊達文化保存会所蔵）

図62　「徳川家康像」（大坂城天守閣所蔵）

『東照大権現縁起』に華々しい戦歴が書きつらねられ、「たけき《猛》いきほひ《勢》」をもつ軍神としてたたえられた。明暦二年（一六五六）の『関ヶ原始末記』の言葉をかりれば、関ヶ原合戦に勝利した「弧矢の威」が「文教の風」となって徳川の泰平をもたらしたとされたのである。

軍神としての武威の喧伝は、入鹿誅滅を根拠に勝軍地蔵の化身とされた藤原鎌足の姿ともだぶってみえてくる。中世以来、鎌足をまつる多武峯にはすさまじい数の刀剣が奉納され、近世に入ってからも歴代の徳川将軍や諸大名からの奉納があいついでいた。昭和三年（一九二八）ころに愛知県熱田神宮には八二二口の刀剣があったといわれているが、談山神社の刀剣数はこれを上回り、全国第一位だったという。

秀吉・家康の神格化とは、いってみれば彼らがもつ武威を神国イデオロギーによって補完し、正当化することにあった。そして、そのモデルとなったのは藤原鎌足であった。

史料が少ないものの、秀吉の神格化は吉田神道によるものであり、いちはやく神格化された多武峯大明神を先例としたことはまちがいない。秀吉は吉田神道によって、「豊臣」という、「藤原」とならぶあらたな王権輔佐の家の始祖神にされたと考えられている。

他方、家康の神格化も、鎌足の先例を意識していたことがうかがえる。たとえば、『慈眼大師伝記』によれば、病にたおれた家康は天海をよび出して「大織冠鎌足は藤原氏の宗廟として今も栄えている。鎌足は摂津国阿威に葬ってから大和国多武峯に改葬したという。かの例にならってわがなきがらを久能山におき、そののち日光山にうつしなさい」と遺言したという。

また天明三年（一七八三）に談山神社学頭であった慈空《じくう》があらわした天台神道書『山王一実神道秘録』では、天海が家康に以下のように語ったと記している。「大織冠鎌足の神

図63　聖徳太子「勝鬘経講讃図」（西来寺所蔵）

道は、直接に神武天皇の神道とつながっている。神道と武道とをもって統治されたから、神号を神武という」と。あるいは「神武天皇も大織冠も、神道の功徳によって天にお生まれになった。だから、ふたりとも子孫が連綿とつづいているのだ」とも。鎌足とは、神国日本の建国者神武天皇に直結する神とされていた。それは、神道と武道をあわせもつ近世的統治者の理想とされたのである。

それぱかりではない。秀吉と家康が藤原鎌足からうけた影響は、なにより彼らの肖像画に端的にみることができる。ふたりの肖像画は、上畳に座し、御簾《みす》と戸帳《とばり》と障屏画、高欄によって荘厳されている。こうした肖像画のはやい例に、聖徳太子「勝鬘経講讃図《しょうまんぎょうこうさんず》」や東大寺所蔵「四聖御影」、大徳寺所蔵「後醍醐天皇像」があげられる。これらと比較してみても、秀吉・家康の肖像画の特徴は、「多武峯曼茶羅」の風景にもっとも近似しているように思われる。

「多武峯曼荼羅」に描かれた御簾と戸帳の風景は、多武峯聖霊院に安置されていた鎌足の木像の室礼をとりこんだものと考えられる。それは、清涼殿《せいりょうでん》を想起させる王前の風景であるとともに、多武峯大明神が天降った神殿の風景でもあったはずだ。秀吉や家康の肖像画は、先行して神格化された鎌足像の聖なるイメージを継承して図像化されていたのである。しかも、近世になると、全国の各藩の藩祖たちが同じように神格化され、同じような肖像画が数多くつくられてゆく。鎌足像は、いわば神にまつられた人のトップランナーとして、後世に多大な影響をあたえていったのである。

肖像のヒーロー

藤原鎌足像の「名づけ」

肖像とは、現実の特定の個人をかたどることを意図した絵画や彫刻である。だからといって、肖像と現実の特定の個人とはけっして同じではない。どうやっても、現実の特定の個人と完全に同じものなんてつくれっこないからである。たしかに肖像は、現実の特定の個人を対象とするけれども、それはあくまで意図した複数の人びとが思い描いた多種多様な主観的認識や視覚体験の合意と止揚の産物にすぎないのである。

したがって、肖像と現実の特定の個人とのむすびつきは、きわめてあやういものとなる。たとえば、ここに一枚の肖像画があったとしよう。つくったときは、制作者やこの絵をみる人たちにとってこれがだれの肖像であるかは自明であったはずだ。けれども、この絵の像主の名前を知っている人の数は日増しに少なくなってゆく。数十年、数百年たって、もしだれひとり覚えている者がいなくなったら、捨てられるか、あるいは別の人の肖像となって生きのびるしかない。源頼朝像や武田信玄像といった教科書でもおなじみの肖像画が、近年になってあいついで別の人物に像主名を変更されたのは、こうした肖像のもつ宿命に起因しているのである。

肖像は、像主名を「名づけ」られることで、かろうじて肖像であることを保証されているにすぎない。肖像を肖像たらしめているのは、肖像に書かれた讃や裏書、箱書などの文字情報や関連する物語、伝承などの言説が残っている場合か、あるいは肖像を使用した儀礼的行為が定期的に継続されている場合にかぎられる。

藤原鎌足の肖像は、現在までに合計一二〇点あまり確認されている。その定式化した大量の図像群から、これらの肖像が鎌足のものであることは自明の前提のように思われる。しかし、藤原鎌足像というゆるぎない肖像が形成されるためには、言説や儀礼的行為が存続し、それをになう集団がよほど強固に継承されていなければならなかったはずである。藤原鎌足像の「名づけ」の歴史をたどってみることにしよう。

図64　竹林坊旧蔵「多武峯曼荼羅」（談山神社所蔵）

鎌足の死から二〇〇年あまりのちの九世紀後半ころ、多武峯ではじめて鎌足の木像がつくられた。文献史料によれば、その後も鎌足の墓所多武峯や藤原氏の氏寺興福寺では鎌足の肖像があいついで制作され、戦乱や災害によって失われていったようだ。現在、談山神社に残る竹林坊旧蔵の「藤原鎌足像」は中世後期につくられたものと考えられるが、鎌足像の原初の姿をよく伝えている作品のひとつであろう。日本では、一二世紀以前に俗人を描いた肖像画が現存しない。だから、鎌足像は聖徳太子像とならんで最古に属する俗人肖像として貴重である。

興福寺と多武峯は、はやくから鎌足像を制作する二大拠点であった。興福寺維摩会《ゆいまえ》では、『維摩会 表白《ひょうびゃく》』第七日結願文《けちがんもん》に鎌足の肖像を想起する所作がもりこまれていた。また維摩会の講師に選任された学僧は、その準備のための前行を終えた吉日に藤原鎌足像の開眼を行なっていたことも、室町時代の興福寺大乗院の史料からうかがえる。他方、多武峯では、維摩会や法華八講、十六講とよばれる鎌足像の掲揚儀礼が平安時代からつづけられていた。加えて、一五世紀後半になると、多武峯の諸院家において明神講とよばれる供養儀礼の存在を確認できるようになる。

一五世紀から一六世紀にかけては、鎌足の肖像が量産された時期であった。このころ、多武峯聖霊院の鎌足像の破裂は、日本という国家・国土の範囲におよび、民衆までをまきこんだイデオロギーへ転換し、破裂の爆発的多発が引きおこされていた。この破裂によって鎌足像は一躍社会の脚光をあびる存在となり、より多くの人びとから再認知される機会を獲得して、肖像の量産と広範な地域への普及をもたらしていったと考えられる。

こうして鎌足像の「名づけ」の共同体は拡大をつづけてゆく。大和国を中心とする寺社や、藤原氏の子孫を称する公家や武家、さらには多武峯周辺の民衆にまで広がりをみせていったのである。

たとえば、陽明文庫所蔵「多武峯曼荼羅」は、室町時代につくられ、近衛《このえ》家の歴代当主によって封じられてきた秘宝であった。また『一条兼輝日記《いちじょうかねてる》』をみると、一七世紀末の一条家では、毎年正月一一日と鎌足の忌日である一〇月一六日に、鎌足像を神殿母廂にかかげ、神供・神酒をそなえて春日社を遥拝していた。旧華族三条家所蔵の「多武峯曼荼羅」は、昭和五年（一九三〇）の第二回日本名宝展に出展されていた。二条家や冷泉《れいぜい》家にも室町期の鎌足像が伝えられている。そのほか、島津や池田といった近世諸大名をはじめ武家の所蔵も数知れない。

さらに一六世紀に入ると、永正三年（一五〇六）の多武峯焼失や、天正一六年（一五八八）の大和郡山遷座をきっかけに、多武峯周辺の村々で鎌足像をまつる祭事がはじまった。のちの八講祭や明神講である。多武峯聖霊院の鎌足像の不在をきっかけに、鎌足をまつるあらたな儀礼が創出されていた。あらたな儀礼の創出は、それに用いるあらたな肖像の制作や修復をうながし、鎌足像の一大量産期が形成されていったのである。

このときつくられた藤原鎌足像の大部分を占めるのは、「多武峯曼荼羅」とよばれる絹本著色の掛幅絵である。鎌足は、中央上畳の上の椅子に左向きで半跏に座す。その前方向かって右に僧形の定恵、左に朝服姿の不比等というふたりの子息が布置されている。画面上部に三面の神鏡がかけられ、御簾が巻き上げられ、戸帳が束ねられている。鎌足の背後には、松にからまる藤の花房や、岩・清水・草木を画題とする障壁画が広がっている。

おそらく想像を絶するほどに大量の鎌足像がつくられては失われ、またつくられては消えていったのであろう。そこには、さまざまな歴史的背景をおって変容した多種多様な鎌足像がせめぎ合う厳しいサバイバルの歴史があったにちがいない。鎌足像の再生産と淘汰のはてに、「多武峯曼荼羅」という勝ち組の肖像画が生み出されていった。「多武峯曼荼羅」というおきまりの肖像画の無限の複製を通して、鎌足像における肖像と像主との関係はわかちがたく強固なむすびつきを獲得していったのである。

最後に一枚のお札を紹介しておこう。明治二四年（一八九一）に発行された日本銀行百円券である。日本史上もっとも大きなその紙幣は、「カマタリ」の別称をあたえられて親しまれていた。鎌足を描いた紙幣は、その後も二〇〇円券や二〇円券に変更されて戦前まで使用されることになる。

図65　日本銀行百円券

図66　松方正義像と紙幣の藤原鎌足像

この鎌足像のモデルとなったのは、冠は「遣唐大使吉士長丹《きしのながに》像」のそれであり、顔はときの大蔵大臣松方正義《まつかたまさよし》であったらしい。内閣制がスタートした伊藤博文内閣のもとではじめて大蔵大臣となり、難しい日本経済の舵とりを任された松方がみずからを重ね合わせたのは、藤原鎌足その人であった。もともと松方家は藤原姓を名のっている。その祖は、九《く》条《じょう》道家《みちいえ》の猶子となった武蔵国枡形《ますがた》城主重時で、島津忠久とともに薩摩に西下したといわれる。昭和三年（一九二八）の東京美術倶楽部の入札目録によれば、松方公爵家にも「多武峯曼荼羅」が所蔵されていたようだ。

イタリア人彫刻家エドアルド・キヨソネの手になる鎌足の顔は、たしかに松方の容貌ともかさなる。ややこぶとり気味の体躯に、精悍な目と眉をもち、えらの張った頑強そうな頬骨に豊かなひげをたくわえた中年男。そのイメージは、現代にまで継承されているように思われる。石ノ森章太郎の『マンガ日本の歴史』から、ＮＨＫドラマ「大化改新」や韓国ドラマ「三国記」まで。たえまない更新をくりかえしながら、今も鎌足像は創造されているのである。

小野篁が描いた鎌足像

野相公《やしょうこう》小野篁《おののたかむら》（八〇二〜八五二）といえば、平安時代の学者・詩人として知られている。その小野篁が描いた藤原鎌足像が八点ほど現存する。これらの鎌足像は、いずれも実際に小野篁によって描かれた可能性はきわめて低い。後世のある時期に、絵師を小野篁に仮託したものと考えられる。

小野篁の生涯は、ミステリアスな伝説にいろどられている。たとえば、①幼年期をすごした東国では乗馬に興じたという剛健な人柄が伝えられている。その反面、②『和漢朗詠《わかんろうえい》集《しゅう》』に多くの漢詩を残す漢才の人でもあり、その学才のようすがは③栃木県足利学校の創建説や、④『小野篁歌字尽《うたじづくし》』といった寺子屋テキストとして伝承されている。また⑤遣唐使渡航を拒否し、嵯峨天皇批判の落書により隠岐配流に処せられたいきさつは、⑥『古今和歌集』所収の和歌とともに語り継がれている。⑦『篁物語』では、異母妹との悲恋の主人公でもある。さらに、⑧地獄の閻魔庁《えんまちょう》官人として冥界へ往き来し、藤原高藤《たかふじ》らを蘇生させたという説話は有名である。あるいは⑨地獄の救済者たる地蔵菩薩の霊験譚にも登場している。また⑩広島県賀茂郡の『篁山竹林寺縁起絵巻』では醜女《しこめ》と篁が交わって誕生したという異常出生譚が語られている。⑪破軍星《はぐんせい》・文殊菩薩・閻魔王の化身だったとする諸説までが濫立している。かの陰陽師安倍晴明も顔負けといった活躍ぶりである。

このなんとも奇妙で豊潤な小野篁の歴史的イメージは、傑出した学才とその呪術性がクローズアップされたものである。前近代社会において、学問や芸能は呪術的な技術と同一視され、学者や漢詩人、歌人たちは異界の鬼たちと近しい関係をとりむすんでいた。篁の学問的奇才ぶりが、冥界・地獄やその救済者たる地蔵菩薩とのおどろおどろしい伝説を生み出していったようだ。

なかでも、⑨の地蔵霊験譚は、絵師伝承とかなり深い関係がありそうである。『矢田地蔵縁起』は、建仁二年（一二〇二）の『諸寺縁起集』護国寺本以来、各地の寺社縁起にとり上げられてきた地蔵霊験譚のひとつであった。このうち一五世紀末ころの京都大善寺所蔵『山城宇治六地蔵菩薩縁起』では、矢田寺《やたでら》地蔵像が小野篁によって発注されたことになっている。ほかにも、京都嵯峨薬師寺に伝わる『福生寺地蔵尊略縁起』や大阪府八尾《やお》の『常光寺《じょうこうじ》縁起』に、小野篁がつくったという地蔵が登場している。これら一六世紀の矢田寺縁起系地蔵造像説話群が、篁の絵師伝承の出発点となっていたようだ。

元禄六年（一六九三）刊の狩野永納《かのうえいのう》『本朝画史』は、「その画もまた神にいたる」とあって、はじめて小野篁の画技を記した書物である。そして、小野篁の絵師伝承は、これ以降につくられた画譜や地誌類を通して急速な広がりをみせていったようだ。大正五年（一九一六）の文部省宗教局調査に基づく堀由蔵編『大日本寺院名鑑』によれば、全国の寺院において小野篁作と伝承される仏像・仏画・肖像画は、実に四〇点あまりを数える。このうち地蔵像は二四点で、全体の過半数を占めていたことがわかる。

藤原鎌足は勝軍地蔵の化身であった。もしかすると、鎌足像の小野篁制作説は、鎌足の地蔵化身説と小野篁の地蔵造像伝承とがむすびついて生まれたのかもしれない。

小野篁が藤原鎌足像を描いた。このことをはじめて記した史料は、元禄三年（一六九〇）四月九日「多武峯大衆言上状案」である。

多武峯の大織冠御影一幅について、表具がはなはだしく破損しているため、衆徒らが修覆をお願い申し上げます。この御影は、野相公小野篁が描いたもので、談山神社の最上の至宝です。だから、この像を大切に神殿に安置して末永く法施をして、宝祚の長久と家門の繁栄を祈ってきました。毎年一〇月一六日の大織冠鎌足公の忌日には本堂にうつして、面前で特別に維摩会の問答を行なっております。ところが、今この絵の表具は損壊し、画彩も摩滅しようとしています。たいへんおそれ多いことです。そうはいっても、衆徒の私的な資金では容易に修繕しがたくむなしく時をすごしてきました。このたび藤原長者宣を申しうけて、すみやかに修繕をすませ、ながく一山の宝物として残してゆきたいと願っています。以上の内容を青蓮院宮様のご紹介をもって藤原氏長者殿下にお伝えいただき、長者宣を下賜いただけますよう、衆徒らがつつしんでお願い申し上げます。もし天皇のお知りになるところとなり、かたじけなくも綸旨を頂戴できたならば、神影の光輝はこれにまさることはございません。当寺の名誉となることはいうまでもなく、永世不朽の美談となることでしょう。

このころ、多武峯の衆徒たちは、鎌足の忌日にもよおされる法華八講の本尊であった

図67　「多武峯曼荼羅」法華八講本尊（談山神社所蔵）

「多武峯曼荼羅」を修復したいと考えていたらしい。小野篁の登場は、多武峯による鎌足像修復願いが直接のきっかけだったのである。法会に用いる鎌足像が稀代のヒーロー小野篁が描いた珍品であるとすることで、この鎌足像こそが多武峯に伝来した至宝であることを誇示しようとしたわけだ。小野篁というビッグネームを冠することで、宝物としての価値はいやましに高まる。多武峯における小野篁の絵師伝承は、藤原鎌足像を宝物としてアピールするために粉飾されたものだったのである。

小野篁が描いた藤原鎌足像。それは、『多武峯縁起』や数多くの刀剣類とともに、近世多武峯に所蔵された宝物であった。これらの宝物は、江戸時代を通じてたびたび天皇の叡《よう》覧《らん》や藤原氏長者の内覧がくりかえされた。こうした宝物の公開によって、多武峯は独自の特権的な資金源を確保することに成功していた。それは、宝物の管理保存のみならず、法会・神事の挙行、寺領経営や寺内組織・堂舎の整備など、多武峯という寺院を経営してゆくための財源となったのである。小野篁作という物語をまとった藤原鎌足像は、最重要の宝物として近世多武峯の経営をささえ、「由緒の時代」を生きぬいていったのである。

神となった鎌足は、子孫たちによってまつられ、全国各地に鎌足神社が創建されていった。鎌足神社は、確認できるだけでも、北は岩手県から南は宮崎県まで四〇をこえている。その多くは近世に入ってから勧請《かんじょう》されたもので、全国各地にさまざまな民話や伝承を残している。全国の鎌足神社について紹介しておこう。

鎌足神社と鎌足伝承

はやい例では、鎌倉末期に書かれた常陸鹿島社の社誌『鹿島宮社例伝記』に「大織冠之宮」がみえる。鎌足生誕伝承をもつ茨城県鹿嶋市宮中には、今も鎌足神社が建つ。また明治二五年（一八九二）につくられた「大織冠藤原公古宅址碑」があり、近代に入ってからもこの地で鎌足の顕彰がつづけられていたようだ。

福島県玉川村須釜《すがま》の石都々古和気《いやつつこわけ》神社は、かつて筒鎌《つつかま》八幡宮とも称し、藤原鎌足の開創になると伝えられている。寛喜三年（一二三一）に大寺城主石川光衡《いしかわみつひら》が記したという「都々古和気縁起」に鎌足にまつわる伝承が記されている。

かつて鎌足がまだ幼くて常陸国に住んでいたころ、奥州へ向かう途中の草むらでひとつの筒をみつけた。鎌足があやしんでみてみると、その筒はみずからやぶれて虚空に光を発し、霊神味耜高彦根命《あぢすきたかひこねのみこと》であると名のった。鎌足は愕然として五体投地して礼拝し、みずから草を刈り、地ならしをして仮殿をつくって筒子別《つつこわけ》大明神と名づけてまつった。「陸奥やふみわけみれば都々古山月夜桜にすめる有明」。このとき鎌足がよんだ歌だという。これにより、山の名を筒子山といい、この村の名を霊神が入っていた筒と鎌足の名とを合わせて「筒鎌」、のちになまって「須釜」とよぶようになったという。延喜四年（九〇四）、宣旨により遷宮が行なわれ、奥州一の大社となった。

福島県岩瀬郡は、鎌足伝承が濃密に残っている地域である。同じ玉川村にある鎌足神社跡は、南須釜の千五沢《せんごさわ》館主だった大野修理が、天正八年（一五八〇）に須賀川市中宿から勧請したものと伝えられている。その中宿の岩瀬森にある鎌足神社は、弘化四年（一八四七）の縁起によると、建久元年（一一九〇）に波多野義政《はたのよしまさ》が築いた四ツ清水城の城内に先祖である鎌足をまつったという。また「都々古和気縁起」には、玉川村の石都々古和気神社の南の祭所ともされている。さらに、天栄村大里には、二木《ふたき》の松とよばれる高さ一九《メートル》ほどの古松があり、この樹にみちびかれた鎌足が武隈《たけくま》明神に神領を寄進したと伝えられている。

滋賀県東近江市能登川町の望湖《ぼうこ》神社は、中世伊庭荘《いばのしょう》の産土神《うぶすながみ》で、建久四年（一一九三）に多武峯から勧請されたといわれている。神社に伝わる南北朝期の春日灯籠は、慶長年間に多武峯から贈られたものという。また伊庭荘には九条家領があり、琵琶湖畔には鎌足や不比等らが釣糸をたれたという由緒が残っている。同県高島市新旭町の藁園《わらその》神社の境内にある鎌足神社は、建長五年（一二五三）に一井佐太郎が家内神として勧請したものという。

本書の冒頭で紹介した千葉県木更津市矢那《やな》の高蔵寺《こうぞうじ》では、遅くとも一七世紀までに鎌足誕生譚が縁起にとりこまれていた。この地に残る鎌足桜の伝承は、鎌足の宿願成就の参詣の途次のこととされているから、鎌倉浄妙寺の『鎌埋稲荷明神縁記』との関係が推測される。鎌倉のある三浦半島から木更津の房総半島へ。鎌足伝承が東京湾の海上交通をつたって伝播した可能性が想定できるだろう。またとなりの君津市鎌滝《かまだき》には、鎌足が滝のほとりで遊んでいたところに白いキツネがあらわれて鎌をさずけたという伝承が残っている。ほど近い高照院《こうしょういん》には、宝鎌が秘蔵され、十一面観音と二匹の白狐をかたどった懸仏《かけぼとけ》が伝来している。

宮崎県高千穂町の菊《きく》ノ宮《みや》神社の祭神は天児屋根命《あめのこやねのみこと》と藤原鎌足で、永正元年（一五〇四）に三田井右武が再建したと伝えられている。東京都新宿区の多武峯内藤《ないとう》神社は、江戸初期に内藤清成《きよなり》が屋敷内に鎌足をまつったもので、現在も藤原鎌足像を所蔵している。長崎県大村市の大村神社は、大村藩歴代藩主七人とともに、同家の祖とされる鎌足をまつっている。静岡県御殿場市小倉野新田の鎌足神社は、この地にうつり住んだ常陸麻生《あそう》藩主新庄《しんじよう》氏の子孫が藤原氏末裔を称して鎌足を祭神としたもので、鎌足が使用したという兜や鎧が伝えられている。カタクリ群生の郷として知られる秋田県仙北市小山田鎌足の鎌足神社は、聖徳太子をまつる。

そのほか、三重県伊勢市の伊勢神宮の御師太郎舘《たろうだち》家の邸内、兵庫県多可《たか》町加美《かみ》区、高知県いの町、佐賀県唐津市厳木《きゆうらぎ》町には鎌足神社がまつられていた。岩手県一関市山目《やまのめ》の配《はい》志和《しわ》神社、宮城県富谷《とみや》町の鹿嶋《かしま》天足別《あまたりわけ》神社、大阪府四條畷《しじようなわて》市の忍陵《しのぶがおか》神社には、境内社として鎌足神社の存在を確認できる。

今となっては由緒すらわからなくなってしまった神社も少なくない。おどろくほど広範な地域で、多種多様な伝承をともなって、藤原鎌足は今も生きつづけているのである。

変身という鎖——エピローグ

以上にみてきた藤原鎌足の歴史的イメージは、次の五点に特徴づけられるだろう。

藤原鎌足という歴史

第一に、始祖としての存在である。藤原鎌足は、一四〇〇年もの長きにわたって藤原氏族の始祖として崇敬されてきた。また多武峯聖霊院の鎌足像の破裂は、一五世紀には王から民衆にまで影響をおよぼすようになり、日本という国家・国土全体の危機にかかわるイデオロギーへと変質していった。これによって、中世において鎌足を始祖にあおぐ子孫の裾野はさらなる急速な広まりをみせていったのである。

第二に、王権輔佐者である。鎌足という歴史的存在は、大化改新という一大政治改革をおしすすめた天智天皇の補弼役として記憶されてゆく。聖徳太子とならぶ理想的な輔佐者とすることで、鎌足の子孫が代々天皇を輔佐する摂政・関白に任じられることが正当化されたのである。また鎌足と中大兄皇子の出会いとしておなじみの法興寺蹴鞠説話は、近世になると主君に忠義をつくす理想の臣下の物語として賛美されていった。

第三に、在俗の仏教者の理想とされた。はやくから多武峯や興福寺で維摩会が興行され、維摩信仰が広範に高まってゆくと、鎌足は維摩居士の変化身とみなされるようになった。維摩居士は、在俗にあって仏教を信仰する者の理想であり、のちに隠逸の理想として憧憬されるようになる。維摩信仰の真髄をあらわす「真俗不二」の理想は、鎌足から定恵・不比等というふたりの子息、さらにはそれに連なる藤原氏の子孫たちに継承されてゆくと考えられていた。また病にたおれた維摩居士を見舞う文殊菩薩の姿は、鎌足を見舞う天智天皇になぞらえられ、さらには豊臣秀吉・秀長の宗教構想にまで影響を与えてゆくことになる。

第四に、武威の象徴であった。鎌足による蘇我入鹿の討滅は、武をもって天智天皇を輔佐した功績としてたたえられてゆく。鎌倉初期の摂家将軍藤原頼経の擁立を端緒として、武家の都鎌倉の地名伝承とともに、鎌足の武威が喧伝され、常陸西部の那珂・中郡氏や足利氏らによって語り伝えられていった。また一三世紀に出現した軍神《いくさがみ》勝軍地蔵は鎌足とむすびつき、室町・戦国時代の東国社会に深く根を下ろしてゆく。

第五に、神にまつられた人であった。藤原鎌足は、一四世紀の後醍醐天皇により権現号が与えられ、一五世紀の多武峯復興を機に吉田神道によっていちはやく神格化をはたした。神となった多武峯大明神は、その後の豊臣秀吉、徳川家康や近世諸藩の藩祖たちの神格化にも少なからぬ影響を与えていった。また中世に大量につくられた「多武峯曼荼羅」は、このの ち神にまつられた人の肖像のモデルともなっていった。

これほど豊かなイメージをもつ人物がいただろうか。

変身する身体

藤原鎌足という豊穣なイメージ世界をつくり出したもの。それは鎌足の変身にあると考えられる。本書をふりかえってみれば、実に多彩な鎌足の変身の諸相をみてきたことに気づくだろう。宇賀弁才天、勝軍地蔵、維摩居士、新羅明神、神武天皇、聖徳太子、九条兼実、頼経、豊臣秀長、松方正義……。人や神や仏をむすぶ変身という鎖。〈カタドル〉こと、〈カタル〉ことは、変身することである。鎌足という変身の磁場があらたな時空を生み出し、変身することで鎌足は複数の生を生きることになる。

日本中世は、いわば変身の時代であった。

変身（変化身）とは、生きとし生けるものの救済のためにその生きものの姿に変化した身体をいう。中世神道説は、仏教宗派をこえて連関しあいながら、社会に変身という網の目を張りめぐらしていた。ある種の歴史的事実がなぞらえられ、再現《リプレイス》されたように、ある種の歴史的身体は変態《メタモルフオーゼ》をとげて、再来する。「本地垂迹」や「前身」「後身」、「再誕」、「一体分身」といった言説のもとに、ほとんどありとあらゆる人と神と仏とが時空をこえて多中心的に複雑にむすびあっていた。飽きることなく、はてることのない長大で持続的な、ユビキタスな変身の連鎖があった。

それればかりではない。広義の多元的な変身の位相が、日本社会をおおいつくしていた。いたるところに変身譚や変身の慣習は生きつづけ、神話や説話や芸能として伝えられていた。中世とは「喩」的なイメージにみち、ほとんど無際限に交換可能なマルチ・イメージの時代であった。

かつて人は、動物と同じように食うか食われるかという生存競争をくりかえし、生態系の一部をなしていた。だから、食べる食べられる関係にある人と動物たちとは、同じように暮らし、話し、結婚し、たがいを兄弟や親子とも認めあう仲間であった。

しかし、人のもつ魔術的で、「喩」的な思考は、やがて変身という豊穣な想像世界を生みだすことになる。そして人だけが、その独特の天分である変身の力をもちいて、食物連鎖の円環からぬけ出すことに成功していった。人間の人間化の歴史とは、動物界からの、動物界を通じての漸次的な変身の歴史であったともいわれている。

ところが、人間が動物たちとたもとを分かち、独自の道をあゆみはじめてほどなくして、一神教と国家が誕生する。神や王のもとに超越的権力をかねそなえた人間は、生成せず、増幅せず、変化しないものに最上の価値を見出す社会を志向するようになる。豊穣な「喩」的思考は否定され、変身を禁止し、許容しない文明社会がつくり上げられていったのである。

変身にいろどられた豊穣なイメージ世界は、いわば文明のなかに息づく未開の遺産であった。藤原鎌足の変身とは、文明の漆黒のなかでたくましく豊かな文化を創造してきた人間のいとなみそのものであったといえるのかもしれない。

あとがき

二〇〇七年秋に母校早稲田大学高等研究所の任期付き助教として採用されたとき、私は三つの研究テーマをみずからに課した。第一に対馬卒土《そと》の歴史、第二に勝軍地蔵信仰の歴史図像学、第三には動物をめぐる文化史であった。三年間の任期はまたたくまにすぎ去り、かろうじて第一の課題については著書を刊行できたものの、残るふたつの課題はいまだ道半ばである。一六世紀の肖像や職人歌合絵、洛中洛外図、寺社縁起、夢記、往生伝、荘園帳簿など、あたためている課題もてんこ盛りのまま残されている。それでも、高等研究所の同僚やスタッフ、文学学術院の先生方や大学院生、学部生たちとすごした三年間は、私にとってえがたい大切なひとときとなった。

そんな折り、吉川弘文館の石津輝真氏から藤原鎌足の伝記を書かないかというお誘いをいただいた。設定した三つのテーマからすればイレギュラーな注文だったし、鎌足像についてはすべて書き終えていた（つもりだった）。でも待てよ。考えてみたら、肖像というテクストは、制作から現在にいたるまでの長い時を生きのびた社会的所産であり、歴史情報の集積である。同じように、歴史上の人物もまた、死してのちもなお長い時を生きつづけているはずだ。ならば、私にしかできないあたらしい鎌足伝が叙述できる可能性を秘めているのではないか。ある土地の歴史を描いた近著『なぜ対馬は円く描かれたのか』に対して、今度はある人物の歴史を描いてみたい。そんな私の勝手な思いつきを受けとめて、本書を世に送り出してくれた吉川弘文館のスタッフに感謝申し上げたい。

いつものことながら、本書ができるまでには、数多くの仲間のご協力をいただいている。前著『中世肖像の文化史』では、米倉迪夫先生や藤原重雄氏とともに全国各地の鎌足像をもとめて博物館や寺社を旅したことがなつかしく思い出される。かわって、本書で伴走者になってくれたのが萩原哉氏である。多忙の合間をぬって、彫刻史の知見を提供し、快く撮影を買ってでてくれた氏の高度な技術とサービス精神には心から感謝している。また校正に際して、野口華世氏から適確なアドバイスをいただいた。講義を聴いてくれた早稲田大学や明治学院大学の学生たちにも大いにはげまされた。そのほかにも、本書は膨大な先学の研究成果に学んでいる。一般書という性格上、十分な引用ができなかったことをご容赦いただきたい。

この九月から一家で金沢に移り住んでいる。北を日本海の黒い荒波、南を白山麓の深い山並みにかこまれ、犀川と浅野川というふたつの暴れ川にはさまれた段丘上に位置する加賀金沢の地は、雨にけぶり、日増しに寒さを増している。本書が刊行されるころには、一面の銀世界におおわれているかもしれない。新天地でどんな仕事をはじめようか、と暢気に薄墨色の遠山を眺めているところである。

二〇一〇年一〇月

黒田　智

参考文献

赤坂憲雄『境界の発生』講談社学術文庫　二〇〇二年
阿部泰郎「大織冠の成立」(『幸若舞曲研究』四　一九八六年)
網野善彦「桐村家所蔵「大中臣略系図」」(『日本中世史料学の課題』弘文堂　一九九六年)
石川知彦「新羅明神の種々相」(『日本美術のイコノロジー的研究』科学研究費補助金研究成果報告書
　代表百橋明穂　一九九一年)
石田瑞麿『維摩経』平凡社　二〇〇三年
泉　万里「唐船図の継承」(『フィロカリア』五　一九八八年)
今泉隆雄「飛鳥の須弥山と斎槻」(『古代宮都の研究』吉川弘文館　二〇〇三年)
氏家幹人『武士道とエロス』講談社現代新書　一九九五年
大隅和雄『愚管抄を読む』講談社学術文庫　一九九九年
大西　廣「肖像画における「擬」の問題」(『国際交流美術史学会シンポジアム　肖像』一九八七年)
門脇むつみ「脇息にもたれる肖像画」(『寛永文化の肖像画』勉誠出版　二〇〇二年)
栢木喜一「八講祭と明神講」(『飛鳥の民俗』六　一九八五年)
カルロ・ギンズブルグ「骨と皮」(『闇の歴史』せりか書房　一九九二年)
河内将芳『秀吉の大仏建立』法藏館　二〇〇九年

北川　央「豊臣秀吉像と豊国社」（黒田日出男編『肖像画を読む』角川書店　一九九八年）
黒田　智『中世肖像の文化史』ぺりかん社　二〇〇七年
黒田日出男『王の身体　王の肖像』平凡社　一九九三年
黒田日出男「首を懸ける」（『月刊百科』三一〇　一九八八年）
黒田基樹編『武蔵大石氏』岩田書院　二〇一〇年
河野守弘と『下野国誌』編集委員会編『河野守弘と『下野国誌』』二宮町　二〇〇五年
笹本正治『鳴動する中世』朝日選書　二〇〇〇年
ジェイムス・フレイザー『初版　金枝篇』ちくま学芸文庫　二〇〇三年
首藤善樹「勝軍地蔵信仰の成立と展開」（『龍谷大学大学院紀要』一　一九七九年）
鈴木堅弘「海女にからみつく蛸の系譜と寓意」（『日本研究』三八　二〇〇八年）
曽根原理『神君家康の誕生』吉川弘文館　二〇〇八年
高木昭作『将軍権力と天皇』青木書店　二〇〇三年
高松百香「九条兼実の興福寺再建」（『人民の歴史学』一六二　二〇〇四年）
高谷知佳「室町期の大織冠破裂」（東アジア怪異学会第六四回定例研究会報告　二〇一〇年四月一八日）
田中貴子「宇治の宝蔵」（『外法と愛法の中世』平凡社ライブラリー　二〇〇六年）
種村季弘『畸形の神』青土社　二〇〇四年
中沢新一『人類最古の哲学』講談社メチエ　二〇〇二年

中野（斎藤）真麻理「常陽寺社攷」（『仏教文学』二四　二〇〇〇年）
奈良県立民俗博物館『初瀬・多武峯山麓の民俗』一九九八年
奈良国立博物館『談山神社の名宝』二〇〇四年
西山　克「豊臣「始祖」神話の風景」（『思想』八二九　一九九三年）
西山　克「日輪受胎」（林屋辰三郎編集代表『民衆生活の日本史・火』思文閣出版　一九九六年）
深澤　徹「狐がくれた「鎌」の話」（『『愚管抄』の〈ウソ〉と〈マコト〉』森話社　二〇〇六年）
藤原重雄「「本槐門・新槐門図序文」について」（『朱』四九　二〇〇六年）
北條勝貴「伐採抵抗伝承・伐採儀礼・神殺し」（増尾伸一郎・工藤健一・北條勝貴編『環境と心性の文化史』上　勉誠出版　二〇〇三年）
松本郁代『中世王権と即位灌頂』森話社　二〇〇五年
村田正志『増補南北朝史論』（『村田正志著作集』一　思文閣出版　一九八三年）
メラニー・トレーデ「ケルン東洋美術館所蔵「大織冠絵」の受容美学的研究」（『美術史』一四一　一九九六年）
森　茂暁『闇の歴史、後南朝』角川選書　一九九七年
山本ひろ子『異神』ちくま学芸文庫　二〇〇三年
米倉迪夫『源頼朝像』平凡社ライブラリー　二〇〇六年
『蘇った古代の木乃伊』小学館　一九八八年

著者紹介
一九七〇年、埼玉県に生まれる
二〇〇一年、早稲田大学大学院文学研究科博士後期課程単位取得退学
二〇〇七年、早稲田大学高等研究所助教
現在、金沢大学人間社会学域学校教育学類准教授、博士（文学）

主要著書
中世肖像の文化史　なぜ対馬は円く描かれたのか

歴史文化ライブラリー
314

藤原鎌足、時空をかける
変身と再生の日本史

二〇一一年（平成二十三）二月一日　第一刷発行

著　者　黒《くろ》田《だ》智《さとし》

発行者　前田求恭

発行所　株式会社　吉川弘文館
東京都文京区本郷七丁目二番八号
郵便番号一一三―〇〇三三
電話〇三―三八一三―九一五一〈代表〉
振替口座〇〇一〇〇―五―二四四
http://www.yoshikawa-k.co.jp/

印刷＝株式会社 平文社
製本＝ナショナル製本協同組合
装幀＝清水良洋

歴史文化ライブラリー

1996.10

刊行のことば

現今の日本および国際社会は、さまざまな面で大変動の時代を迎えておりますが、近づきつつある二十一世紀は人類史の到達点として、物質的な繁栄のみならず文化や自然・社会環境を謳歌できる平和な社会でなければなりません。しかしながら高度成長・技術革新にともなう急激な変貌は「自己本位な刹那主義」の風潮を生みだし、先人が築いてきた歴史や文化に学ぶ余裕もなく、いまだ明るい人類の将来が展望できていないようにも見えます。このような状況を踏まえ、よりよい二十一世紀社会を築くために、人類誕生から現在に至る「人類の遺産・教訓」としてのあらゆる分野の歴史と文化を「歴史文化ライブラリー」として刊行することといたしました。

小社は、安政四年（一八五七）の創業以来、一貫して歴史学を中心とした専門出版社として書籍を刊行しつづけてまいりました。その経験を生かし、学問成果にもとづいた本叢書を刊行し社会的要請に応えて行きたいと考えております。

現代は、マスメディアが発達した高度情報化社会といわれますが、私どもはあくまでも活字を主体とした出版こそ、ものの本質を考える基礎と信じ、本叢書をとおして社会に訴えてまいりたいと思います。これから生まれでる一冊一冊が、それぞれの読者を知的冒険の旅へと誘い、希望に満ちた人類の未来を構築する糧となれば幸いです。

吉川弘文館

〈オンデマンド版〉
藤原鎌足、時空をかける
変身と再生の日本史

On Demand
歴史文化ライブラリー
314

2021年（令和3）10月1日　発行

著　者　黒《くろ》田《だ》　智《さとし》
発行者　吉　川　道　郎
発行所　株式会社　吉川弘文館
〒113-0033　東京都文京区本郷7丁目2番8号
TEL　03-3813-9151〈代表〉
URL　http://www.yoshikawa-k.co.jp/

印刷・製本　大日本印刷株式会社
装　幀　清水良洋・宮崎萌美

黒田　智（1970〜）

ISBN978-4-642-75714-0